연꽃 속에
진주를 줍다

지은이

법호 : 선무(善無)

법명 : 일취(一翠)

아호 : 청호(青湖)

* 해동문학 시 등단
* 에세이 포레 수필 등단
* 사진 Artist
* 한국화 Artist
* 동국대학교 대학원 미술학석사 학위기
* 위덕대학교 대학원 철학박사 학위기
* 선학(사마타/위빠사나) · 유식학 연구
* 현, 청정심원 선원장
* 저서 :《붓다와 108유희》《사람이 사람답게 사는 길을 찾아서》《연꽃 속에 진주를 줍다》

연꽃 속에 진주를 줍다

일취스님

학자원

올여름 더위는 기록적이었다. 더위를 피해 젖은 물수건을 머리에 얹고서 느티나무 밑에 앉아 졸고 있는데, 포항교도소에서 전화가 왔다. 수감자들에게 법문을 해 달라고 했다. 필자는 황창연 신부처럼 말 제주가 있는 것은 아니지만, '중생 구제'라는 말이 문득 떠올라 허락을 했다.

교도소는 사회와 격리된 공간이다. 아무나 쉽게 들어가지 못하는 공간이지만 필자는 수감자들 교화 차원에서 특별 초청되어 가게 된 것이다.

교도관의 안내를 받아 높은 담장과 철조망으로 둘러쳐진 통제구역 다섯 개 문을 통과하여 긴 복도를 지나 넓은 강당에 들어섰다. 강당 안에 발을 들여놓자, 푸른 제복을 입은 수감자들이 질서정연하게 자리에 앉아 법회 시작을 기다리고 있었다. 교도관의 안내를 받아 연단으로 올라섰다. 연단에 선 필자를 향해 무거운 시선들이 일제히 몰려들었다. 그들의 눈은 겨울 앙상한 가지에 매달린 고드름 같았다. 초조와 긴장, 촉기를 잃은 그 자체였다.

사회자가 필자를 소개하자 양철 지붕에 빗방울 떨어지는 소리같이 일시에 박수가 쏟아졌다. 연단에 가까이 몸을 밀착하고 마이크를 손에 쥐었다. 분위기가 숨 막힐 듯이 조용하고 긴장된 분위기이다. 이런 무거운 분위기에서 어떻게 말 문을 열어야 할까? 한참이나 망설였다. 우선 하회탈처럼 표정을 고쳤다. 그리고 부드러운 어조로 천천히 말문을 열었다.

"안녕하세요. 방금 소개받은 일취입니다. 제가 오늘 여기에 와보니 참으로 감동을 느꼈습니다. 왜냐하면, 불경에 "어디를 가나 부처님이 아니 계신 곳 없다."라고 했는데, 이곳에 와보니 참으로 인자하신 부처님들이 많이 앉아 계시네요. 이 얼마나 반가운 일입니까."

라고 첫 말을 던진 후, 두 손을 가지런히 모으고 고개를 숙였다. 그러자, 굳었던 얼굴들이 환하게 펴지면서 나를 따라 모두 손을 모으고 답례를 하였다. 그리고 나를 향한 시선들이 일제히 웃음 띤 얼굴로 바뀌었다. 참으로 말이란 미묘하다. "말 한마디에 천 냥 빚을 갚는다."라는 말이 있듯, 부처님이란 말 한마디에 굳게 닫힌 마음의 문이 활짝 열리는 것 같았다. 이어 나는 법문에 들어갔다.

"붓다께서 말씀하시기를, 모든 중생들은 부처의 종자를 지니고 있으며 누구라도 부처*가 될 수 있다, 라고 선언하셨습니다. 가난에 찌들어 사는 빈민도, 길거리에서 천대받는 걸인도, 어쩌다가 죄를 지어 감옥에 갇힌 사람도, 누구나 할 것 없이 마음속에는 부처가 계신다고 하였습니다. 허나 그 가운데, 세상을 자유롭게 활개치며 사는 사람들이 있는가 하면, 항상 괴롭고 쓸쓸하게 어둠 속에 갇혀 사는 사람들도 적지 않습니다. '왜 그럴까요?' 이것은 마음속에 부처를 보고, 못 본 차이입니다. 부처는 본래 걱정도 괴로움도 없는 청정무구清淨無垢 그 자체입니다. 내 마음 부처를 본다는 것은 한 생각 돌리면 됩니다. 이렇듯 어떤 괴로움도 한 생각 돌리면 행복해질 수 있습니다."

『붓다와 108 유희』 제2집은 이렇게 문을 열었다. 사람과 사람 사이, 경직되고 불안한 장벽을 허물고, 깊은 계곡에 샘물 쏟듯, 걸림 없는 소통을 기대하며 글을 집필하였다. 그리고 평범하고 뻔한 일상적 이야기들을 모아 마음 편하게 독자들에게 다가

---

* 부처(佛): ① 깨달음의 경지 ② 청정하고 순수한 본성 ③ 가장 높은 깨달음을 이룬 성인(고타마 싯다르타를 지칭)

갈 수 있는 내용을 담아 글을 썼다. 우리 삶 속에는 성인들의 말씀이 아닐지라도, 우주 만물이 함께 공유하고 교감하며 누구나 함께 나눌 수 있는 이야기들이 주위에 널려 있다. 있는 자나 없는 자, 잘났거나 못났거나 누구나 마땅히 고귀한 존재로서 차별 없이 평화와 행복을 누릴 수 있다는 평범한 진리들 또한 풍부하다. 우리 삶 속에 전개되고 있는 힘 있는 자와 나약한 자와의 갈등, 많은 것을 가지고 있으면서도 불행한 이유, 가진 것 없어도 당당하고 자유스럽게 살아가는 생활상들이 하나하나 서로 다른 것 같지만 결국 하나로 귀결된다는 원융사상圓融思想의 원리를 바탕으로 글을 펼쳤다.

한 가지 붓다의 말씀을 바탕에 두고 글을 각색하였지만, 애써 어렵게 짜인 경전 속의 문자에 구속되지 않고, 평범하고 쉽게 우리 일상생활에서 흔히 겪는 생활상들과 버무려 맛깔나게 펼쳐보았다. 그리고 종교적 이념이나 편견적 사상을 들추지 않고, 지금 현재 보고 느끼는 현실의 문제들에 대해서 적절한 회통의 방법을 찾으려고 했다. 또한 문학가나 지식인이 아니더라도, 누구나 일상생활에서 느끼고 진솔하게 이야기를 나눌 수 있는 내용들을 모아 허심탄회하게 주절주절 늘어놓았다.

이는 물질 만능시대에 이성과 가치관의 결핍에서 오는 나약한 정신을 일깨우고, 단순한 곳에서 풍성을 찾을 수 있는 삶의 의미와 행복을 찾아가는 여정이라 하겠다. 또한 108 유희의 길은, 지구촌 모든 중생들이 편안하게, 행복하게 함께 동승하기를 기원하는 발원문이기도 하다. 연꽃 속에 숨겨진 진주를 줍는 이야기들이다.

『붓다와 108 유희』 2집이 어느 곳이든 무위자재無爲自在 자유스럽게 넘나드는 반야용선이 되기를 두손 모은다.

선무 일취

연꽃 속에 진주를 줍다

연꽃 속에 비밀이 있다
연꽃 속에 말 못 할 사연들이 있다
옛 전설들이 알알이 박혀 있다
새벽 물안개 자욱한 연못
해가 뜨자 살며시 꽃잎을 여니 노란 속살이 드러난다
연꽃 속 알알이 박힌 영롱한 구슬들이 별들처럼 빛난다
천 년을 간직한 전설들이다
이때다 싶어 꿀벌들이 앞 다투어 꽃잎 속으로 모여든다
꿀벌들이 꽃 속에 숨은 이야기들을 바쁘게 퍼 나른다

지난 가슴 벅찬 순간, 슬픈 기억, 썼다 지워버린
애잔한 추억까지 하나하나 세상에 퍼트린다
가슴 아린 사연들이 세상에 알려진다
말 못 한 비밀들이 꽃잎 되어 날리고 있다
여기저기 소곤소곤, 담을 넘어 고개 넘어 산을 넘어
먼 이국까지 퍼진다
알고 보니 하찮은 일에 속 앓고 그냥 잊으면 될 것을
내내 가슴 조이던 시간의 물결이 잔잔해지고
오랫동안 쓰라렸던 생채기를 하나하나 지우고 있다
그제야 얼 가슴 녹아내리고 깊은 잠에 빠져든다
꿈결에 주섬주섬 연꽃 속 진주를 줍고 있다

작가의변		5
작시	연꽃 속에 진주를 줍다	8

제1부

첫째날	채움과 비움을 떠난 공성	20
둘째날	걱정 근심 붙들어 매고	22
셋째날	나를 지키는 감정	24
넷째날	청정한 삶으로 유도하는 계율	26
다섯째날	악습에서 벗어나는 길	28
여섯째날	세상 사는 법	30
일곱째날	진실을 향한 바람	32
여덟번째날	세상을 어떻게 보는가	34
아홉번째날	나의 인생을 꽃피우는 희망	37
열번째날	정토의 꿈 38	

제2부

열한번째날	너 또한 고귀한 생명	44
열두번째날	내 마음 나도 몰라	46
열세번째날	외로운 인생길	49
열네번째날	부끄러움을 안다는 건	50
열다섯번째날	나 자신을 되돌아보는 시간	52
열여섯번째날	내 말 한마디가 향기로운 꽃이 되어	54
열일곱번째날	내 마음을 움직이는 것들	56
열여덟번째날	미움은 미움을 낳는다	58
열아홉번째날	수행을 멈추지 마라	60
스무번째날	순수보다 더 고귀한 보석은 없다	62

목 차

제3부

스물한번째날 근심 걱정에서 벗어나는 길 68
스물두번째날 애착이 만든 인생 70
스물세번째날 소욕지족의 보약을 드시라 72
스물네번째날 마음이 가는 곳에 74
스물다섯번째날 무주상보시를 행하라 77
스물여섯번째날 개똥밭에 굴러도 이승이 낫다 78
스물일곱번째날 물질과 허공의 숨바꼭질 80
스물여덟번째날 원망은 망각이 특효약 82
스물아홉번째날 잊을 것은 잊어버려라 84
서른번째날 빈 깡통처럼 요란한 세상 86

제4부

서른한번째날 참교육은 어떻게 해야 할까? 92
서른두번째날 오늘이란 이 시간 94
서른세번째날 행복은 순풍처럼 온다 96
서른네번째날 음식 문화의 진풍경 98
서른다섯번째날 나쁜 사람 좋은 사람 100
서른여섯번째날 남의 손에 든 것이 크게 보인다 102
서른일곱번째날 지성과 인성은 간데없고 104
서른여덟번째날 동화속에 잠든 행복 106
서른아홉번째날 생사의 진실 108
마흔번째날 마음도 방치하면 썩는다 110

제5부

마흔한번째날 나를 보지 못하는 눈 117
마흔두번째날 쥐구멍에도 볕들 날이 있다 118
마흔세번째날 평등과 불평등의 차이 120
마흔네번째날 복밭을 가꾸는 일 122
마흔다섯번째날 미움도 증오도 간 곳 없고 124
마흔여섯번째날 내 마음 흐르는 곳에 126
마흔일곱번째날 꽃과 같이 향기롭게 128
마흔여덟번째날 오고 가는 시간의 정체 130
마흔아홉번째날 사랑도 미움도 증오도 찾을 수 없어 132
쉰번째날 침묵은 금이다 134

제6부

쉰한번째날 자기를 살펴보는 통찰 140
쉰두번째날 따뜻한 마음 태양처럼 144
쉰세번째날 과거도 현재도 미래도 꿈같은 것 146
쉰네번째날 비천함에서 벗어나는 길 148
쉰다섯번째날 느낌 하나로 사는 인생 150
쉰여섯번째날 홀로 자유로운 세상을 꿈꾸다 152
쉰일곱번째날 입조심 말조심 154
쉰여덟번째날 인욕의 참맛을 알아야 156
쉰아홉번째날 내 마음을 다스리려면 158
예순번째날 나의 보물창고에 무엇을 담을 것인가 160

제7부

예순한번째날 감정을 잘 다스리는 일 166
예순두번째날 마음의 배 안에 무엇을 담아야 하나 168
예순세번째날 이 생에 닦아야 할 과제 170
예순네번째날 가식의 세계에서 살고 있다 172
예순다섯번째날 그러려니 하며 사는 세상 174
예순여섯번째날 지구의 종말이 온다면 176
예순일곱번째날 고통을 즐거움처럼 즐기고 살 수 있다면 178
예순여덟번째날 나를 돌아보는 순간 180
예순아홉번째날 머무른 바 없이 가는 길 182
일흔번째날 성취의 기쁨은 홀로 달성했을 때 184

제8부

일흔한번째날 마음먹기에 달려 있다 190
일흔두번째날 사람이 죽는다는 것은 192
일흔세번째날 진실과 거짓은 천생연분 194
일흔네번째날 평정심을 화두로 삼자 196
일흔다섯번째날 오늘 나의 삶이 내일을 결정짓는 것 198
일흔여섯번째날 손에 들려주어도 모르는 법 200
일흔일곱번째날 항상 깨어 있는 삶 202
일흔여덟번째날 말의 힘 204
일흔아홉번째날 아름답고 지혜로운 삶 206
여든번째날 나 자신과의 싸움 208

제9부

여든한번째날	비록 궁색할지라도 자유로운 삶	214
여든두번째날	진정한 욕심은 정도속에 꽃이 핀다	216
여든세번째날	영원히 답이 없는 문제	218
여든네번째날	걸레 같은 인간으로 살 것인가	220
여든다섯번째날	마음 편하게 사는 것이 최고라지만	222
여든여섯번째날	구름 속에 노니는 달과 같이	224
여든일곱번째날	나의 인생의 꽃을 피우는 일	226
여든여덟번째날	이 또한 지나가리라	228
여든아홉번째날	오롯이 깨어 있어야 하거늘	230
아흔번째날	어떤 말을 해야 할까	232

제10부

아흔한번째날	진계와 속계를 넘나들다	238
아흔두번째날	각성이 절실한 시대	242
아흔세번째날	있으면 있는대로 없으면 없는대로	244
아흔네번째날	하늘이 지켜보고 있는데	246
아흔다섯번째날	감정을 잘 다스리는 일	248
아흔여섯번째날	아무리 급해도 돌아가라	250
아흔일곱번째날	단, 한 번밖에 없는 인생 어떻게 살 것인가	252
아흔여덟번째날	마음의 병을 없애는 길	254
아흔아홉번째날	비움이란 이처럼 가벼운 것을	256
백번째날	무엇을 배우고 익혀야 하는가	258

제11부

백한번째날	환생의 기쁨을 얻을 수 있을까	264
백두번째날	갈애에 끌려다니지 않는 평온한 삶	266
백세번째날	사랑 다운 사랑을 아는가	268
백네번째날	망상을 떠나 만족을 안다면	270
백다섯번째날	분노의 독화살	272
백여섯번째날	참교육은 어디에 있는가	274
백일곱번째날	나의 향기가 주위를 향기롭게	278
백여덟번째날	어찌하여 등불을 찾지 않는가	280
후기	연꽃 사진 촬영 이야기	283
평설	한상렬 | 사유의 코기토cogito 그리고 아포리즘apohorism	286

연꽃 속에 진주

제 1 부

누구에게나 희망은 꿈이요 에너지이다.

그리고 빛이다.

희망이 있길래 살맛 나고,

살아야 한다는 의미가 주어진다.

첫째날 채움과 비움을 떠난 공성

참된 수행자는 아무것도 모으지 않는다. 탁발로 살아가도 그 공성空性을 꿰뚫어 본다.
열반涅槃이란 비어있음이요, 자취가 없는 것이다.
수행자의 행로에는 허공을 나는 새가 날갯짓을 하여도 날개 자국이 남지 않듯 그 가는 길에는 자취가 없다.

〈법구경〉*

비우기 위해 채운다. 채우기 위해서 비운다.
어떤 그릇이든 그대로 둘 수는 없다.
그릇이기 때문에 채우기도 하고, 비우기도 해야 한다.
그릇이 비어 있다고 해서 이상할 것 없고 채운다고 해서 이상할 것은 없다.
하지만 채워 있고 비워 있고는 때에 따라 의미가 다르다.

비어 있다는 것은 허허로움도 있지만, 시원함도 있다.
비어 있으니 채울 수 있다는 기대감도 있다.
그러나 무력함이나 허탈감이 있을 수 있다.

채워있음은 우선 풍요로움이다.
남에게 내줄 수 있는 넉넉함이 있다.
그러나 교만이 생길 수 있다.

---

* 『법구경(法句經)』: 산스크리트어 Dharmapāda. 즉 진리(dharma)의 말씀(pada)이란 뜻이다. 현재 우리나라에 소개되고 있는 법구경은 전 26장 423의 시를 수록한 팔리어본의 국역(國譯)과 전 39장으로 구성된 한역법구경(2권)의 국역(國譯) 두 가지가 있다

그 중 어떤 것이 나에게 유익한가.

이것은 선택을 떠나 때에 따라 상황에 따라 걸림없이 행하면 된다.

마음먹기에 따라 달라질 수도 있다.

있고 없고, 채우고 비우고, 모든 것은 사실이 아니다.

그릇의 크기에 따라 충족함이 천차만별이듯 마음의 크기와 만족을 어찌 가늠하겠는가.

그러나 공성空性이라 하여 마음의 분별을 떠났을 때 마음은 여유로움을 가진다.

공성은 기대와 충만과 기쁨을 얻게 한다.

애써 모으지 않아도 밤 하늘에는 별도 차고, 달도 찬다.

어느 여름 날 길 가던 나그네가 목이 마르면 옹달샘 맑은 물 한 모금 들이켜고 공성空性의 이야기 들려줄 것이다.

둘째날 **걱정 근심 붙들어 매고**

자녀가 있는 사람은 자녀 때문에 기뻐하고소를 가진 사람은 소 때문에 기뻐한다.
그러나 자녀 때문에 근심하고 소를 가진이 소 때문에 근심한다.
인간의 근심 걱정은 집착에서 비롯되나니 집착이 없는 사람에게는 근심 걱정도 없다.

〈숫타니파타〉*

사람이 세상 살아가면서 근심 걱정, 번뇌 없을 수 있겠는가. 눈만 뜨면 하루 동안 천만 가지 번뇌 속에 산다고 했다. 자식 걱정, 소 걱정은 물론이거니와 사업 걱정, 돈 걱정, 노후 걱정, 건강 걱정. 수만 가지 걱정 속에서 헤어나지 못하고 산다. 게다가 나와는 아무런 관련이 없는 남의 일까지 끼어들어 걱정을 하고, 아직 오지 않은 내일모레 십 년 넘어 노후까지 가불假拂하여 걱정을 한다.

"할 일 없으면 집에 누워 낮잠이나 자거라"라는 말이 있다. 밤낮없이 헛된 생각에 사로잡혀 시간 낭비한다는 것은 어느 면에서 보나 불필요한 일이다. 문제가 생기면 빠른 해결책이 필요하다.

오늘은 아침 날씨가 우중충하다. 오늘은 비가 온다고 했다. 어느 지인의 구십 세가 넘으신 노모老母가 계시는데, 출근하는 육십 세 아들에게 "우산 챙겨라, 차 조심해라. 싸우지 마라" 별별 걱정 하신다고 했다. 손주들이 보는 데도 애들 챙기듯이 한다고 한다. 그래서 그는 정작 자식들에게는 어떻게 교육을 해야 할지 방향을 잃을 때가 한두 번이 아니라고 했다.

아들을 대하는 부모 마음은 한 점 티끌 없이 청정 그대로이며, 무엇 하나 아까운 것 없이 무주상보시無住相布施 그대로일 것이다. 무주상보시란, 내 것이란 집착 없이 그대로 베푸는 보시를 의미한다. '내가', '무엇을', '누구에게' 주었다는 생각과 자만심마저 없이 온전하게 베푸는 것을 뜻한다.

이처럼 모든 일에 있어 집착이 없고, 욕심이 없다면 근심 걱정이 생기겠는가. 지혜로운 삶이란 모름지기 "머문 바 없이 마음을 쓰라[應無所住而生其心]"고 했던 것처럼 어느 것 하나 집착에서 벗어난다면 마음은 항상 평화롭고, 번뇌와 괴로움이 따르지 않을 것이다. 행복도 이와 같아서 집착에서 벗어나 괴로움이 없다면 그것이 행복일 것이다.

---

* 숫타니파타[sutta-nipāta]: 팔리어 nipāta는 집성(集成)이라는 뜻이므로 경집(經集)이라 번역함. 가지각색의 시(詩)와 이야기를 모은 시문집(詩文集).

셋째날 나를 지키는 감정

분노를 버리고, 자만을 버리고 일체의 결박을 벗어나라.
정신과 신체적 과정에서 집착을 여읜다면 괴로움이 따르지 않는다.

〈법구경〉

"지렁이도 밟으면 꿈틀거린다"라는 말이 있다. 인간이 갖는 감정이나 분노 또한 원초적 본능이라 할 수 있다. 하기에 세상을 살아가면서 감정에 거슬리거나 침해를 당했을 때 누구라 할 것 없이 당연히 화가 나고, 본능적으로 자기보호 기능이 발동된다 하겠다. 하지만 자신이 남의 감정을 건드리거나 해를 끼치고서 자기 기분을 찾거나, 입장을 내세운다는 것은 참으로 추하기 그지없을 것이다.

위대한 성인들은 어떠했을까? 어떤 경우라도 분노나 자만이 없었을까?

공자는 모든 해악害惡은 어리석음에서 온다는 우치愚痴를 말씀하셨고, 붓다는 집착執着이 모든 근심 걱정의 원인이라고 했다. 또 예수는 어떠했을까? 누가 자기 오른쪽 뺨을 때린다면 왼쪽 뺨을 내주라고 했다. 관용과 포용, 인욕을 말씀하신 것이다. 과연 이렇게 자기 자존심과 이성을 접어버리고 태연하게 타他의 무분별한 공격에도 서슴없이 몸을 맡길 수 있는 포용은 어디까지일까? 라는 고민을 하지 않을 수 없다.

우리 몸의 구성은 오온五蘊(색色, 수受, 상想, 행行, 식識)으로 구성되어 있다. 그중 '수受'라는 느낌이 있어 "춥고, 덥고, 즐겁고, 우울하고 기분 나쁘다"라는 감별을 하게 된다. 살아있는 모든 생명들은 이 느낌으로 자신을 유지하고 보호하고, 자기만의 고유 성품과 자존심 그리고 존재 가치를 얻고 살아간다 하겠다.

이처럼 감정이야말로 생명체의 핵심이며 우리를 살아있게 하는 유일한 에너지일 수 있다. 또한 이 감정은 행복과 즐거움을 유발하기도 하지만 때로는 분노와 괴로움과 고통을 발생하기도 한다. 그렇다고 해서 감정을 없앨 수도 없거니와, 만약 이 감정[느낌]을 놓아버린다면 목석이나 다를 바 없을 것이다.

느낌[受]는 원초적 본능이고, 내 마음과 몸을 움직이게 하는 원동력이다. 때문에 누가 나를 분노케 한다면 화를 낸다는 게 당연지사이다. 이것이 모든 생명들이 가진 생동적 의식이며 보호색이라 할 수 있다. 하기에 어느 때 어떤 공격이 갑자기 닥치더라도 무의식중에 그 감정이 발동되어 자기를 보호해 주고, 때로는 자존심을 세워준다 하겠다. 이렇게 감정이란 무시할 수 없는 기능임과 동시에 생명을 유지하는 에너지이기 때문에, 감정을 속여가면서까지 굳이 필요 이상 인욕을 요구할 것까지는 없을 것 같다.

넷째날 **청정한 삶으로 유도하는 계율**

계를 지키면 늙도록 편안하고 잘 지내게 되나니,
지혜는 사람의 보배요, 복은 도둑맞는 법이 없다.

〈출요경〉*

붓다가 보리수 아래에서 정각을 이루신 뒤, 부모와 스승과 삼보에 귀의하여 바르고 청정하게 수행하는 법을 계율로 말씀하셨다.

> 나는 보름과 그믐마다 여러 부처님의 계법을 외우는데 너희들도 따라서 외워야 한다. 계의 광명은 푸른 것도 아니고 붉은 것도 흰 것도 아니다. 빛깔도 아니고 마음도 아니며, 있는 것도 없는 것도 아니고 인과법도 아니다. 이 계는 여러 부처님의 근본이며 보살도를 행하는 근본이자 여러 불자 대중의 근본이므로 불자들은 받아 지녀 외우고 배워야 한다.

계율이란 인간이 살아가는데 꼭 간직해야 할 숭고한 것이며 참 삶의 행위이다. 그런데 계율을 지키는 것을 어려워하거나 귀찮게 생각한다. 사실 계율을 지키지 않았다고 해서 삼악도三惡道에 떨어진다거나, 삶에 크게 방해된다고 보기는 어렵다. 그렇지만 한 가지 분명한 것은 계율을 벗어나서 살다 보면 불의에 빠진다든가, 청결하지 못하게 살 수 있다는 것은 분명하다.

---

* 출요경(出曜經): 산스크리트어avadāna의 번역으로 비유를 뜻함. 법구경을 중심으로한 경전.

이것은 자기가 지키고, 못 지키는 것에 따라 차등이 있고, 계율의 실천에 따라 품위 등급이 따른다는 것을 알 수 있다. 계율이란 인간으로서 지켜야 할 도리道理라 하는 것이 편할 것 같다.그러므로 일정한 법과 계율을 어느 만큼 잘 지키고 사느냐에 따라 품위와 인격, 등급과 관련이 깊다는 것을 이해할 수 있다. 그 등급이야말로 인간 세계의 표준적 가치가 되기도 한다.

이렇게 계율이라는 것이 자기 모습에 지대한 영향을 끼치는 데도 모두 관심이 적다. 사람들은 몸에 이상이 있거나 건강 상태를 알기 위해 가끔 혈당 체크를 한다. 자기 행동 체킹은 계율에 기준을 두는 것이 마땅하며, 품위와 인격에 대해서도 항상 등급 체킹이 필요할 것 같다. 이를 잊고 산다면 지금부터라도 당장 자기 자신의 품위 등급의 수위가 어느 정도인지 살펴보는 것이 좋을 것 같다.

사람들은 남 앞에서는 아주 고고하고 잘난 것처럼 보이려고 한다. 그렇지만 자기 추한 모습과 험은 꼭꼭 숨기고 가식적 모습만 보여주며 살고 있다. 그러다 보니 진실한 자기 모습이 아닌, 포장으로 위장된 모습으로 살고 있다. 그렇게 살아가는 삶이라면 백 년을 살아 무엇 하겠는가. 하루를 살더라도 바르고 참되게 살다 죽는 것이 매우 중요할 것 같다.

다섯째날 **악습에서 벗어나는 길**

질투심이 강한 사람의 사랑은 증오심으로 변하기 쉽다.
질투는 남보다 자기를 먼저 해치는 독소이다.

〈법구경〉

사랑이 있는 곳에 분명 질투가 따른다. 또 미움도 서식棲息한다. 우리나라 속담에 "사촌이 논을 사면 배가 아프다"는 말이 있다. 남이 잘 되는 꼴을 배가 아파 못 본다는 말이다. 아무리 세상이 변해도 미움과 사랑은 공존한다. 그래 "질투와 증오가 어디에서 왔느냐?"를 따져 볼 것도 없이 누구나 마음속 어디엔가 항상 도사리고 꿈틀대고 있다는 것을 알아야 한다.

인간의 본성 속에는 선심善心과 악심惡心이란 두 가지 심성心性이 있다. 이 성품을 천성天性이라고도 하고, 본래 가진 마음이라고 해서 '본성本性'이라고도 한다. 이와 같은 선악善惡의 성품은 시시각각 마음먹기에 따라 마음 밖으로 출몰한다. 어떤 생각과 판단을 하느냐에 따라 선심으로, 악심으로 발동되어 나타난다. 이 두 성품은 신통하여 어느 성품이 강하냐에 따라 선심이 발동되기도 하고, 악심이 발동되기도 한다. 강한 성품의 소유에 따라 현자賢者가 되기도 하고 망나니가 되기도 한다.

내가 숨 쉬고 있는 동안 어느 때라도 두 얼굴로 나타나는 성품은 나를 이롭게도 하고 타에게 치명적인 상처를 입히기도 한다. 그래서 성인들은 한결같이 "마음을 잘 다스려라"라고 했다. 마음을 다스리는 데는 물론 지혜로워야 하며, 통찰력과 분별력이 흐려져서는 안 된다.

무엇보다 중요한 것은 자신의 심안心眼을 바라보는 관법觀法이 필요하다. 관법으로 자기 생각과 행동을 잘 살펴보아야 한다. 심안의 무지에서 눈을 뜨게 하는 길은 관법의 수행修行이다. 수행이야말로 착오와 착각 그리고 인과의 악습에서 벗어나는 길일 것이다.

그리고 나를 지켜주는 버팀목이 된다. 참 삶과 사람답게 살도록 길을 밝혀준다. 심안의 눈 → 그리고 수행 → 바른 지혜 → 교만과 자만심이 없어진 다음 미움과 증오 질투심이 내 마음 어느 곳에 집을 짓겠는가.

여섯째날 세상 사는 법

너그럽게 살아라.
남에게 손해를 입히지 말고 이익을 얻으면 대중과 함께 나눠라.

〈유행경〉*

모든 일이 내 마음 내 뜻대로 되는 일이 어디 있으랴, 살다 보면 좋은 일, 싫은 일 심지어 삶을 포기하고 싶은 일들이 어찌 없으랴. 맘에 안 들고 싫더라도 그러려니 하고 살자.

만일 모든 일이 내 마음 내 뜻대로 된다면 교만과 나태가 생기게 된다. 세상은 나의 마음에 맞추어지지 않았다. 모든 존재들은 각기 자기가 꿈꾸는 세계가 있고, 다양한 개성과 생각도 다르다.

그런데도 모든 것이 자기 위주, 자기 뜻대로 이루어지기를 바란다면 그것은 턱없는 욕심이며 잘못된 판단이다. 하여 세상사 흐름에 맞추어 살자.

그리고 항상 좋은 말만 들으려 애쓰지 마라. 누가 너를 비난하거나 서운한 말을 하더라도 속상해하거나 마음 아파하지 말라. 너도 어느 한때 남의 가슴에 못 박는 말을 했을지도 모른다. 그러니 남의 말도 존중하고 네 입을 조심하여라.

세상 사노라면, 좋은 사람도 만나고, 어쩌다가 철천지원수를 만나 괴롭고 힘들기도 하지만 마음이 바르다면 끝내는 보석 같은 사람들이 내 곁에 모여들 것이다.

---

* 유행경(遊行經): 장아함경(長阿含經)의 제2경으로, 대반열반경(大般涅槃經)

그렇다고 좋은 사람 나쁜 사람 너무 가린다면 이 또한 분별에 자유롭지 못할 것이다. 인연이란 만남과 헤어짐의 연속이다. 사랑하는 사람 영원하지 네 곁에 있지 않고 언젠가는 떠나간다. 떠난 사람 다시 만난다.

원수는 외나무다리에서 만나듯 결코 미운 사람 피해 살 수 없다. 그러니 오는 사람 막지 말고 가는 사람 잡지 말라. 좋은 인연 나쁜 인연 다 정해진 운명적 만남이니 그러려니 하고 그렇게 살자.

조금 안다고 뽐내지 말고, 모른다고 괄시 마라. 알고 모르고는 벽지 한 장 차이다. 벼가 익으면 고개 숙이듯 알면 고개 숙이고 부족하면 채우려고 노력하라. 그렇게 너그럽게 사노라면 마음의 평화는 항상 하리라.

일곱째날 **진실을 향한 바람**

늘 진실과 자비의 마음이면
내가 서 있는 그곳이 바로 극락이라.

〈화엄경〉*

세상이 어쩌다가 "속이고 속는 세상으로 전락해버렸을까?"라고 푸념하는 사람들이 적지 않다. 때문에 "콩으로 메주를 쑨다 해도 곧이듣지 않는다"라는 옛말처럼 어떤 말도 믿음이 상실된 세상을 살아가고 있다.

요즘 사람들은 한 치 앞을 내다볼 수 없는 불안과 부조리한 환경 속에서 깨어나지 못하면서도 부富와 쾌락을 즐기며 신기루 같은 극락과 천당을 꿈꾸고 있다. 이 순간 지구 한편에서는 치열한 전쟁 속에 선량한 사람들이 허무하게 죽음을 맞이하고 있다. 억압과 공포와 절망에 떨며 살아가고 있다. 그러한 세상은 차라리 지옥이라고 하는 편이 나으리라.

극락과 지옥은 다른 곳에 있는 것이 아닐 것 같다. 어쩌다 복이 많아 평화로운 땅에서 행복을 누리고 살아가는 사람들은 극락에 산다 할 것이고, 매일 포화砲火속에서 살고 있는 사람들은 지옥에 산다고 할 것이다. 그런데도 뭇 종교 단체에서는 "예수를 믿으면 천국이요, 불신을 지옥이다"라고 떠들고 있다.

그렇다면 천국과 지옥이 지구촌이 아닌 다른 곳이 있다는 것일까. 불가에서도 지옥과 극락을 제시하고 있다.

---

* 화엄경(華嚴經): 화엄 사상의 근본 경전임과 아울러 우리 나라 불교의 소의(所依) 경전.

하나는 "죄를 많이 지으면 죽어 지옥에 간다 하고, 선한 일을 많이 하면 극락에 간다"라고 하여 내세來世를 주장하고 있다.

그러나 한편은 현재 우리가 살고 있는 현실 속에 지옥과 극락이 있다고 했다. 그래 지옥과 천당은 환상의 세계가 아닌 지금 이 순간 이 자리, 내가 사는 이곳이라 해야 마땅하리라. 천당과 지옥은 어디에 사느냐 장소도 중요하지만, 한 가지 더 중요한 것은 자기 마음의 상태이다.

허구나 위선과 조작에 이끌려 산다면 그는 결코 불안과 공포 속에서 벗어나지 못하는 지옥일 것이다. 그러나 진실하고 밝고 긍정적인 마인드를 가지고 산다면 어떤 고난이 닥치더라도 그는 극락에 산다고 할 것이다.

밝게 살아가자. 용기 있게 살아가자. 그리고 진실하게 살아가자.

여덟번째날 **세상을 어떻게 보는가**

중생은 언제나 대상과 함께 하고 대상과 하나로 어울리느니라.
선한 마음을 가지면 대상을 선하게 보고 비열한 마음을 가지면 대상을 나쁘게 보게 되느니라.

〈잡아함경〉*

흔히 누구나 '나[我]'라고 하는데 나란 무엇일까? 나란 정체를 살펴보면, 12연기에서 신체라고 할 수 있는 6근六根: 眼, 耳, 鼻, 舌, 身, 意을 두고 나라고 하거나, 오온五蘊: 色, 受, 想, 行, 識을 나라고 한다.

그와 반면 6근은 6경六境: 色聲香味觸法에 의지해야만 기능을 발휘할 수 있다. 육경을 경계境界라고도 하고, 대상對象이기도 한다. 여기서 5근(안의비설신)을 통한 의식인 마음[識]이 대상을 보고 모든 사고思考를 가능케 하는데, 5근이 어떤 대상을 어떻게 보느냐에 따라 사물의 척도가 달라진다 해야 할 것 같다.

하여 몸 밖의 대상은 누가 뭐래도 그대로인데, 6식이 다양하게 판단을 하고 해석하는 것은 마음 작용이라고 한다. 마음의 작용은 무궁무진하다. '좋다' '나쁘다' '깨끗하다' '더럽다' '춥다' '덥다' 등 다양하게 결정과 의사 표출을 한다.

이것은 각기 느낌과 성향일 뿐, 사실이 아니다. 이같이 인간의 사고와 시각이란 천차만별 가지각색이다.그래서 "어느 한 생각이 어느 한 곳에 치우치지 않는다면 이것을 바른 견해 '중도中道'"라고 붓다는 설했다. 중도란 양 극단적인 견해나 실천을 벗어난 올바른 길을 말한다.

붓다는 최초의 설법에서 욕락欲樂에 빠지는 것과 고행苦行에 애쓰는 것을 부정하고, "팔정도八正道**에 힘쓰면 고락중도苦樂中道에 도달한다"라고 했으며, "이변二邊을 벗어나는 길"이라고 했다. 이변이란 선악善惡도 해당이 된다.

선과 악도 이와 같아서 마음이 일으키는 성향에 따라 대상을 관측하고 한 생각이 어디로 향하느냐에 따라 선한 생각과 악한 생각으로 구분될 수 있고, 모든 것이 진실과 허상으로 나누어질 수 있다. 쉽게 해석하자면 조선시대 설화에서 이성계와 무학대사의 언쟁에서 보듯 보는 생각과 의도에 따라 '돼지'도 될 수 있고 '부처'가 될 수 있다는 것이다.

이 세상 대상들은 인간이 단정하는 것처럼 좋고 나쁨이 없고, 달고 쓴 것도 없다.

모든 것이 인간 마음 따라 일어난다.

---

* 아함경(阿含經): 산스크리트어, 팔리어 āgama의 음사로, 전해 온 가르침이라는 뜻. 초기 불교시대에 성립된 경전들을 통틀어 이르는 말.

** 팔정도(八正道): 깨달음을 얻기 위한 정견·정사유·정어·정업·정명·정정진·정념·정정의 8가지 수행 방법

아홉번째날 **나의 인생을 꽃피우는 희망**

희망을 가져라. 희망의 결과는 행복이니라.
하늘을 나는 저 새들까지도 언제나 희망을 꿈꾸며 그 희망에 충만해 있나니
비록 그것은 멀고 오래되어도 끝내 희망은 이루어지리라.

〈본생경〉*

누구에게나 희망은 꿈이요 에너지이다. 그리고 빛이다.

희망이 있길래 살맛 나고, 살아야 한다는 의미가 주어진다.

비록 지금 힘들고 가난해도 희망이 있기에 살아간다.

희망이 있기에 오늘도 거친 파도와 노도怒濤에 맞서 힘차게 힘차게 달려가고 있다.

희망은 훗날 아름답고 행복한 날을 약속해 준다.

희망이 없는 삶은 서글픈 막막한 길이다. 그리고 삭막하고 캄캄한 어둠이다.

희망을 가져라! 그리고 열심히 희망차게 살자.

희망은 하늘에서 떨어지는 것이 아니고, 누가 건네주는 물건이 아니다.

스스로 만들어가는 것이다. 열심히 노력하여 성취해 가는 것이다.

나의 인생에 꽃을 피우는 일이다.

나의 인생에 꽃을 피운다는 것은 실로 위대한 일이다.

누구를 위해서가 아닌, 나를 위해서 참으로 거룩한 일이다.

---

* 본생경(本生經): 석가가 이 세상에 출현, 성불(成佛)하여 부처가 되기 이전, 즉 전생에 보살로서 수행한 일과 공덕을 이야기로 구성한 경전.

열번째날 **정토의 꿈**

공덕을 쌓고 악행을 버려라.
여기서 청정한 삶을 살면서 신중히 세상을 거닌다면, 그가 바로 수행승이라 불린다.

〈법구경〉

내가 거주하는 곳을 토굴[절]이라 한다. 토굴의 당호堂號를 청정심원淸淨心園이라 이름 지었다. 그 뜻은, 마음을 청정하게 하고 삶을 청정하게 살자는 뜻에서 붙여진 이름이다. 그리고 주불主佛을 '청정법신 비로자나불'을 모셔 놓았다. 비로자나불은 정토세계淨土世界(연화장세계)에 계시며 고통받는 중생들을 정토세계로 인도하고 있다.

인간이 사는 세상에는 정토세계淨土世界와 예토세계穢土世界가 있다.

정토세계란, 깨끗한 땅, 또는 국토를 깨끗이 한다는 뜻으로, 오탁악세의 번뇌가 없는 자유롭고 평안한 세계를 말하며, 청정무구한 국토를 말한다.

예토세계란, 번뇌와 망상으로 더럽혀진 의식 세계 또는 괴로움으로 가득 찬 세상을 말한다. 하여 우리가 살고 있는 지구촌을 예토세계라고 말을 한다.

이렇게 비교해 본다면 현재 우리가 사는 곳이 어떤 곳인지 확연하게 드러나 보인다. 그런데도 이 순간 내가 서 있는 이 자리가 어떤 곳인지 알지 못하면 참으로 답답하기 짝이 없다.

사실 따지고 보면 정토와 예토는 자기 자신이 선택하고 만들어 살아가고 있다 하겠다. 그런데도 정토 타령은 왠 말이며, 극락세계란 왠 말인가. 이것은 무지의 소치이며, 무명無明속에 살고 있다는 증거이다.

몇 달 전, 세간을 떠들썩하게 하고 있는 K 가수를 보라! 그때만 하더라도 톱 가수로 무엇 하나 부족함이 없는 뭇 사람들의 선망의 대상이었으나 지금은 감방에 갇혀 있다. 그 가수는 극락에서 지옥으로 삶으로 바뀐 것이다. 다시 말해서 정토에서 예토로 갔다 하겠다.

이렇게 모두들 꿈에 취하듯, 무명 가운데 정토와 예토를 시시각각 넘나들고 있다. 그러기에 정토의 삶을 꿈꾸거들랑 바른 혜안慧眼과 바른 생활로 건전하게 소욕지족少欲知足을 하라고 성인들은 설하고 있다.

연꽃 속에 진주

제2부

순수함이란
백 번 천 번을 들어도
아름답고 고귀한 말이다.

순수함이란
더러운 것이 섞이지 않은
그 자체이다.

요즘 사람들은
순수성을 잃어간다는
사실을 모르고 살아가고 있다.

열한번째날 **너 또한 고귀한 생명**

살아 있는 생명을 해치면, 그는 그로써 고귀한 님이 되지 못한다.
모든 생명을 해침을 여의면 그가 바로 고귀한 님이라 불린다.

〈법구경〉

살아있는 모든 존재들은 저마다 개성과 삶의 방식을 가지고 태어난다. 그렇기에 어느 것 하나 고귀하지 않은 것이 있으리오. 길가 풀 한 포기, 나무 한 그루. 개미, 지렁이, 모기, 파리 저마다 고귀하고 경의로운 삶을 살아간다.

그런데 유독 인간은 세상에서 특별한 존재인 것처럼 우쭐대고 잘난 척 다른 생명들을 경시한다. 그러다 보니 무자비한 살상을 자행하고, 이 순간에도 지구촌 한 편에는 포성이 끊이질 않고 있다. 또한 연약한 존재들을 자기들의 소유처럼 억압하고, 구속하고 괴롭히고 있다.

지구의 평화를 운운하면서도 감금과 약탈, 파괴 무질서를 일삼고 있다. 지구는 환경오염으로 더 이상 살 수 없도록 황폐화 되어가고 있다. 북극의 빙하가 녹아내리고, 오존층이 더 두꺼워져 기후에 적응 못한 식물이 하나하나 말라 죽어가고 있다.

멀지 않은 날 지구는 더 이상 살 수 없는 폐허로 변하여 종말이 올 거라고 입을 모으고 있다. 어찌할 것인가? 어떻게 하면 공생과 평화와 쾌적한 삶의 터전을 유지할 것인가. 지금부터라도 너나 할 것 없이 각성해야 한다. 자성해야 한다. 무지하고 어리석은 인간들의 욕구를 억제해야 한다. 이것만이 지구를 살리는 길이다. 그리고 너와 나 모든 생명들이 살 길이다. 너나 나나 할 것 없이 소중하고 고귀한 생명들이여! 끝없는 욕망과 욕구를 여기서 멈추자.

열두번째날 내 마음 나도 몰라

살자기야말로 자신의 주인이며, 자기야말로 자신이 돌아갈 의지처이다.
망아지 주인이 망아지 고삐를 잡고 있듯 너는 너의 고삐를 네가 잡고 있으니
너를 잘 다스려 바르게 가야 할 것이다.

〈법구경〉

내 마음 나도 모른다고들 한다. 모르는 내 마음은 천방지축 망아지처럼 뛰어다니는 것을 어찌 다스릴 것인가. 내 마음 내 마음대로 못하고 사는 마당에 또 어찌 남의 일을 간섭하고, 남의 허물을 말할 수 있겠는가.

내 마음은 항상 괴롭고, 슬프고 불안하다. 내 마음을 모르고 이대로 살아간다는 것 또한 한없이 답답한 일이다. 진정 내 마음 내 마음대로 할 것 같으면 슬픔이나 괴로움이 어디 있겠는가. 매일같이 즐겁고, 행복의 연속일 것이다. 유유자적 물과 바람같이 자유로이 유희遊戱하며 살 수 있을 것이다.

그런데 내 마음을 내 마음대로 다스리지 못하고 산다. 슬픈 일이다. 이렇게 내가, 내 마음 내 뜻대로 하지 못하고 살고 있으면서도 있는 척 잘난 척, 똑똑한 척 우쭐대며 살아가는 모습들이 어릿광대들의 모습만 같다.

우리는 자기 자신을 너무 모르고 살아가고 있다. 자기의 생각과 행동이 최고라는 아만我慢속에 살고 있다. 무지無知에서 헤어나지 못하고 있다. 자기 생각에 갇혀 인생의 참맛을 모르고 살고 있다.

자기 손에 쥔 돈만 믿고, 명성과 권력만 믿고 살다가는 어느 날 갑자기 "접시 물에 코 박혀 죽는다"라는 말처럼, 너무나 허망하게 생을 마친다면 진정 무엇을 내보일 것인가.

그렇다! 세상은 넓고 넓다.

어리석고 바보스러운 존재들이여 깨어나라! 자신을 구하라!

어떤 권능 자라도 당신을 구제해 주거나 잠든 너를 깨우지는 못한다. 결코 그럴 일은 없다. 네가 너를 구원할 뿐. 네가 너의 마음 다스릴 뿐.오늘 번뇌와 괴로움 속에서 시달리면서도, 한 치 앞을 내다보지 못하면서도 허무한 망상과 욕망에서 깨어나지 못하는 그대가 가련하다.

고삐 풀린 망아지처럼 정처 없이 떠도는 그대가 한없이 애달프다.

열세번째날 **외로운 인생길**

살누구나 좋아할 만한 아름다운 꽃이 빛깔만 곱고 향기가 없는 경우처럼
아름다운 부처님 말씀도 이와 같아서 실천하지 않으면 어떤 이익도 얻을 수 없다.

〈법구경〉

붓다의 말씀이라 일컫는 팔만대장경 중에는 주옥 같은 진리들이 꽃을 피우고 있다. 향기는 물론이거니와 우리 마음을 살찌게 하는 비타민 같은 마음의 건강 요소들이 소복이 담겨 있다.그런데 이 마음을 살찌게 하는 건강 효소를 취하지 않는다면 당연히 마음 허약할 수밖에 없다.

삶이란 몸도 건강하고, 마음도 건강해야 한다는 것은 두말할 나위 없다. 그런데 요즘같이 문화가 발달하고 풍족한 세상을 만나 행복을 누리고 산다고는 하나, 사실 빈 깡통이다.

마음은 이루 말할 수 없이 허약하고, 빈곤하고, 번뇌에 찌들어 살고 있다. 그러한 가운데도 부귀영화만 좇고 있다. 어떻게 하면 마음이 건강하게 살 것인지? 어떻게 하면 자유롭고 마음 편하게 살 것인지?

모르는 가운데 어두운 밤길을 걸어가고 있다. 등불이 필요하건만 찾지 않고, 어둡고 삭막한 길을 그대로 가고 있다.

무엇을 얻겠다는 것인가? 누구도 알 수 없는 인생길. 다만 자기 자신만이 찾아갈 수 있는 길. 오늘도 그렇게 정처 없이 외롭게 길을 가고 있다.

열네번째날 **부끄러움을 안다는 건**

살부끄러워할 일도 아닌데 부끄러워하고 오히려 부끄러워해야 할 일을 부끄러워하지 않는 자들은 그 그릇된 견해와 신념에 사로잡혀 결국 삼악도에 떨어지고 만다.

〈법구경〉

부끄러운 일을 해놓고도 부끄러워하지 않는다는 말을 '후안무치厚顔無恥'라고 한다. 이 말의 유래는 중국의 하夏나라 계啓임금의 아들인 태강太康이 정치를 돌보지 않고 사냥만 하다가 끝내 나라를 빼앗기고 쫓겨나게 되는데, 그의 다섯 형제들은 나라를 망친 형을 원망하며 번갈아 가며 노래를 불렀다고 한다. 그 형제들이 불렀다고 하는 노래를 '후안厚顔'이란 말로 전해왔다. '후안'은 '낯이 두껍다'라는 뜻으로, 부끄러움을 모르고 뻔뻔스럽다는 의미로 해석한다.

죽는 날까지 하늘을 우러러 한 점 부끄럼 없기를
잎새에 이는 바람에도 나는 괴로워했다.

시인 윤동주의『하늘과 바람과 별과 시(1948)』란 시집에 실린 시 구절이다. 부끄럼 없이 살아간다는 것이 너무도 당연한 일이건만 사실 너무나 쉽고도 어려운 일인 것 같다.

그것은 우선 말과 행동 속에는 자기 자신이 자기를 속이는 일들이 빈번하다는 뜻일 게다.자기 마음을 드러내지 않는다고 해서, 남이 모를 거라 해서 시나브로 부끄러운 행동을 하는 경우를 다반사로 한다.

하물며 뻔히 보이는데도, 많은 사람들이 지켜보고 있는데도, 아랑곳없이 태연하게 부끄러운 치부를 들어내는 경우들이 빈번하다. 거기다 부끄러운 일을 해놓고도 후회하거나 잘못을 인정하기는 커녕 오히려 당당하게 큰소리치는 경우는 정상적 인간이기를 포기한 경우라 하겠다.

말과 행동 속에는 자기의 인격과 명예와 인생이 담겨 있다. 부끄럽지 않게 산다는 것은 오로지 자기 자신의 행위에 달려 있기 때문에 그것만큼은 누가 뭐래도 자기 자신이 책임져야 한다.

부끄럽지 않게 사는 삶이야말로 풍요와 인생의 가치를 높여줄 것이다. 자기 자신은 물론 세상을 아름답게 꽃피우는 일이다.

열다섯번째날 **나 자신을 되돌아보는 시간**

살명상에서 광대한 지혜가 생기고 명상하지 않으면 광대한 지혜가 부서진다.
성장과 퇴락의 두 가지 길을 알아서 광대한 지혜가 성장하도록 거기에 자신을 던저라.

〈법구경〉

명상冥想 수행 속에는 불가사의한 힘이 있다. 불가에서는 "명상을 통해 스스로 진리를 깨달아 고통이 없는 해탈의 세계에 도달할 수 있는 위력이 있다고 했다. 명상의 최종 목적은 "모든 괴로움을 소멸하여 열반涅槃에 든다"라고도 했다.

또 완전한 열반에 이르면, "모든 정신적 고통도, 육체적 고통도 영원히 사라진다"라고도 한다. 다시 말해서 명상을 통하여 괴로움의 원인과 탐욕, 성냄, 어리석음을 통제할 수 있기 때문에 완전한 열반에 이르며 모든 정신적 고통도, 육체적 고통도 '영원히 사라진다'라고 하여 수행자들이 많이 선호하는 수행법이다.

그리스도교에서는 명상meditation을 주로 '묵상默想'이라고 번역되는데, 조용히 생각한다는 뜻으로 '숙고熟考'라고도 하며 '관상기도'라고 하여 '하나님과 일체화 된다'라는 의미로, 신자들이 지향하는 명상법이기도 하다.

이렇게 명상은 여러 가지 의미와 목적을 가지고 있지만, 명상을 포괄적으로 해석한다면, 하나는 '산란한 마음을 한곳에 모으기' 위함이요, 또 하나는 '허상에 덮여 흐릿해진 마음을 성성적적惺惺寂寂 또렷하게 만드는 수행 방법'이라고 할 수 있다. 서암선사는 매일 아침에 일어나자마자 "주인공아!" 자기를 부르고는 "속지 마라, 깨어 있어!" 하고 되뇌었다고 한다.

우리가 살고 있는 지구촌, 얼마나 살벌하고, 혼탁하고, 시끄러운가, 혹자는 요즘 세상을 "눈뜨고 코 베인 세상"이라고 했다. 그런데 세상일에 속는 것도 있지만 자기 마음을 다스리지 못하여 자기 자신에게 속는 수가 많으니 우선 자기 자신부터 잘 단속하는 것이 급선무일 것 같다.

홍진 세상을 지혜롭게 잘 견디며 마음 편하게 사는 길은 오로지 자기를 잘 돌아보는 시간이 참으로 소중하다.

잠시 잠시 자기를 되돌아보자.

열여섯번째날 **내 말 한마디가 향기로운 꽃이 되어**

살언어를 잘 수호하고, 정신을 잘 제어하여 신체적으로 악을 행하지 말라.
이 세 가지 행위의 길을 청정히 하라. 선인이 설한 길로 매진하라.

〈법구경〉

우리가 세상을 살아가면서 조심해야 할 세 가지를 성인들은 신구의身口意라고 했다.

모든 악은 이 세 가지로부터 발생한다는 것이다. 사람이라 할 수 있는 세 가지 기능인 몸으로 죄를 짓고 있고, 말로 죄짓고, 생각으로 죄업을 짓는다는 것이다.

하여 이 세 가지 기능이 온전하지 않을 때는 자기 자신의 치명적인 손상과 가치관이 흐트러지기 때문에 세 가지 기능을 잘 단속하지 않으면 안 된다는 것이다.

그래서 무엇보다 남의 잘못을 험담하고 비판하기보다는 혹 내가 남에게 해를 끼치고 잘못된 행동을 하고 있지나 않은지 잘 살펴보고, 부족한 점을 하나하나 바르게 고쳐 나아가는 것이 무엇보다 중요하다 하지 않겠는가.

그런데도 천 날 만 날 남을 단점을 꺼내 비평하기 일쑤이면서 진정 자기 자신의 결점을 고치려 하지 않는다. 그것은 아전인수我田引水 격이다. 삿된 행위가 더할수록 나 자신은 추하고 더러워지기 마련이다.

진정 자기 사랑하고 자신을 위한다면, 신구의身口意 세 가지 행위를 바르게 단속하고 잘 닦아가는 것 말고 더 이상 무엇이 중요하다고 하겠는가. 항상 그 생각을 놓아서는 안 될 것 같다.

마음만 바꾸면 말과 행동, 생각이 때로는 향기로운 꽃이 될 수 있다. 꽃이 되어 남에게 기쁨을 주는 행위야말로 더 값진 게 또 어디 있겠는가.

열일곱번째날 **내 마음을 움직이는 것들**

살노력해야 할 때에 노력하지 않고, 젊고 힘셀 때, 게으름에 빠진 자는
마음이 혼란된 생각으로 가득 차고, 나태하고 혼미해서 지혜의 길을 발견하지 못한다.

〈법구경〉

『유식唯識』이란 경전 내용을 보면, 우리 마음 중에 '수번뇌隨煩惱'라는 심소心所에 대해 나온다. 이를 살펴보면,

①혼침[惛沈] 가라앉은 마음.
②도거[掉擧] 들뜨고 불안정한 마음.
③불신[不信] 믿지 아니함.
④해태[懈怠] 게으름. 나태(태만) 함.
⑤방일[放逸] 선善을 닦지 않는 마음, 수행을 게을리하는 마음.
⑥실념[失念] 기억하지 못하고 집중할 수 없는 마음 상태.
잘못 기억하는 마음 작용.
⑦산란[散亂] 어지럽고 어수선함.
⑧부정지[不正知] 대상을 잘못 이해하는 마음 작용.

위와 같은 8가지 심소가 작용하여 번뇌가 일어나 마음이 괴롭다고 하였다. 하여 이 8가지 심소를 잘 다스려 마음을 맑히는 것이 곧 마음 수행이라고 했다. 마음 수행이란 극히 어렵다고 할 것 없이 수번뇌를 잘 관찰하여 제거하면 된다고 했는데,

물 위에 부평초처럼 시시각각 떠오르는 수번뇌를 잘 단속하면 그만이다. 수번뇌를 잘 단속하면 당연히 마음은 평화롭고 세상이 밝게 보인다.

극락세계가 따로 없다. 수번뇌만 잘 다스리면 마음은 항상 극락이다. 이를 "닦겠는가! 말겠는가!" 하고 선사가 질문을 던진다. 그것도 질문 속에 답이 있는 것이 아니라 바로 내가 실천하는데 답이 있다. 말을 따라가면 이 또한 어리석다 하겠다. 닦고, 닦지 않는 것은 각자 마음에 놓여 있는 게 불문가지不問可知이다.

지옥을 말하든 극락을 말하든 그것이 핵심이 아니고, 내가 스스로 괴롭고 힘들 때 그 괴로움에서 벗어나는 길이 수번뇌를 걷어내는 방법이라 하기에 오롯이 수번뇌 법칙을 잘 알아 실천하는 길이 최상의 방법이라는 것을 알아야 한다.

열여덟번째날 **미움은 미움을 낳는다**

살기쁘게 살자, 중생들이여 이젠 우리를 미워하는 사람들도 미워하지 말고 까닭 없이 우리를 증오하는 사람들 속에서조차 미움을 깨끗이 떨치고 살자.

〈법구경〉

증오라는 것은 하는 사람도 받는 사람도 괴롭다. 증오 속에는 오해와 편견과 지나친 욕심이 개입되어 있다.

잘잘못을 따져보게 되면, 상대의 잘못으로 생긴 일도 있지만 자기의 부실한 관리에서 생긴 오류도 있다. 그것은 접어두고라도 우리가 세상을 살아가면서 진정 단 한 번이라도 남에게 거스른 행동이나 미운 행동을 하지 않았다고 자신할 수 있으며, 또 미워하는 마음을 오래 가슴에 담아둔 일은 없다고 하겠는가.

이러한 미움이란 어디서 왔으며 어디서 생겨날까? 다들 미워하는 사람만 있지, 미움이 어디서 생겨났는지, 왜 생기는지를 깊이 있게 생각해 보는 사람은 드물다.

아니다. 미움이란 어차피 상대가 나를 서운하게 했거나 나에게 불이익을 주었으므로 그에 대한 적대감이라고 다들 결론짓고 만다. 그런 다음 자신은 앙금을 풀지 못하고 내내 가슴 깊이 담아 두게 된다면 결국 누가 손해이겠는가. 그 순간 또 하나의 적이 생기고, 마음은 병들어 간다.

붓다가 어느 날 길을 가는데, 어떤 바라문이 붓다를 향하여 갖은 욕설을 퍼부었다. 그러나 붓다의 얼굴에 미동하나 보이지 않았다.

보다 못한 아난이 붓다에게, "붓다시여! 간도 쓸개도 없습니까! 왜 그렇게 모욕을 당하면서도 한마디 대꾸도 하지 않습니까"라고 하니, 붓다는 아난에게, "아난아! 너는 어떻게 생각하느냐? 만약 맛있는 음식이 있다고 하자. 그런데 그 음식을 네가 먹고 있다면, 네가 배부르겠느냐. 내가 배부르겠느냐?"라고 질문을 하니, 아난은 "그야 내가 배부르지요"라고 대답하였다.

"그와 마찬가지다. 나는 저자의 비난 소리를 한마디도 들은 적이 없다"라고 하였다.

미움이란? 결코 내 마음에서 생겨난다. 미운 마음에서 증오로 발전한다.

그 마음은 상대에게 가지 않고 메아리처럼 내게로 돌아와 나를 병들게 한다. 한번 마음을 돌이키면 미움도, 증오도 간곳없이 사라진다. 마음먹기 달려 있다는 것이다. 그런데도 그것을 마음속에 보물처럼 품고 산다는 것은 얼마나 어리석은 일이겠는가.

지금 당장 자신을 살펴보아라. 혹 내가 지금 누구를 미워하고 있는지를….

열아홉번째날 **수행을 멈추지 마라**

살해야 할 일을 하지 않고 하지 말아야 할 일을 하는 것은 참으로 어리석은 일이다.
교만하고 깨어 있지 못한 자들에게 번뇌는 늘어만 간다.

〈담마빠다〉*

자기가 살아가는 생활 영역권 내에서, 자기가 해야 할 일들에 대해서 해야 할 일과, 해서는 안 될 일들을 누가 감히 간섭하겠느냐만은 그도 보이지 않은 가운데 자기만의 삶의 방식과 규칙이 있을 것이다.

누가 보든 안 보든, 누가 간섭을 하든 안 하든, 자기 자신의 일이기 때문에 자기 스스로 알아서 다듬고 챙기고 잘 다져 나가는 것은 당연한 일이며 자기만의 고유 삶의 방식이기도 하다.

하여 삶의 가치와 질을 향상시킨다는 것은 자기 고유 권한이다. 그래 무작정 목적 없이 사는 것보다 하나하나 면밀히 검토하여 매사에 정확성과 정성을 기울인다면 이루 말할 것도 없이 참된 삶이라 하겠다.

이러한 삶은 단순한 마음만 가지고는 안 되고, 그만한 수행修行이 따라야만 한다. 수행이야말로 사람이 살아가는 데 너무나 중요한 행동지침이다.

수행이 되지 않고서 고삐 풀린 망아지처럼 천방지축 나대다 보면 자기 자신은 물론 사회 질서를 어지럽힐 수도 있다. 무슨 일이건 해야 할 일과, 하면 안 되는 일을 분명하게 가려서 한다면 실수와 소실을 막고 나아가서는 신뢰와 덕을 증대시킬 수 있을 것이다.

수행이란 자기를 참답게 살게 하는 것이 방식이며, 자신을 폭넓게 발전시키고, 건강한 정신을 갖게 하는데 첩경이라 할 수 있다. 때문에 수행에 있어서 게을리해서는 안 되며, 시간과 장소를 가리지 말고 행주좌와行住坐臥 자신의 부족한 부분을 잘 살펴 살아가는 것이야말로 무엇보다 중요하다 해야 할 것이다.

자기 자신을 일으켜 세워줄 수행을 근본으로 삼고 살아가자.

스무번째날 순수보다 더 고귀한 보석은 없다

살다시 순수해져라. 그리고 생각을 깊게 갖고 순수한 사람들과 이웃하며 살아가라.
그러면 그대는 다시 지혜로워질 것이며, 밤에 울던 그 고통과 고뇌는 영원히 사라질 것이다.

〈숫타니파타〉

순수함이란 백 번 천 번을 들어도 아름답고 고귀한 말이다. 순수함이란 "더러운 것이 섞이지 않고 깨끗하다"라는 뜻이며, "부정한 것을 멀리하고 범법犯法에 물들지 않은 상태"를 이르는 말이다. 또한 "죄의 올가미에서 완전하게 벗어난 상태"를 말한다.

아기가 태어났을 때 눈을 보라! 생글생글 어떤 것에도 때묻지 않은 맑고 깨끗한 눈을. 천진한 모습에 "눈에 넣어도 아깝지 않다"라는 귀여운 그 자체를 일러 순수하다고 말할 것이다. 인간 모습에서 가장 숭고하고 보배스러운 모습을 꼽으라 한다면 순수일 것이다. 그래서 인간은 늘 순수성을 지향해 왔다.

순수를 말한다면 누구나 어린 시절을 떠오르게 한다. 때 묻지 않은 코흘리개 동무들과 골목길에서 뛰놀던 추억들을 새록새록 떠올릴 게다.

그렇지만 지금 세상은 다르다. 순수가 사라졌다. 각박한 인심, 물질문화와 외래문화 속에 잠식되어 그림자도 찾을 길 없다. 갓 태어난 어린애들 마저도 병원 인큐베타에서 자라 첨단 문물 속에서 성장하다 보니 인간 로봇처럼 성장하고 있다. 그 애들에게 순수를 어디서 찾아볼 수 있겠는가.

순수는 말로 가르칠 수 없다.

깊은 산속 샘물같이 깨끗하고 어느 것 하나 가식이 없는 청빈함을 말할 것이다. 이 같은 순순성을 지금같이 호화로운 생활 구조 속에서 어찌 찾을 수 있을까. 만약 순수를 알더라도, 순수하게 살려고 하더라도, 요즘 세상은 천연기념물이란 말 듣기 십상이다.

순수성은 이렇게 발붙일 곳 없는 먼 동화책 이야기가 되어 버렸다. 순수하고 심오한 자연의 동질성을 이탈하여 외계인으로 전락하고 있다. 누구든 지금 다소나마 순수성을 간직하고 있다면 놓치지 마라.

그보다 더 고귀한 보석은 없다.

연꽃 속에 진주

제3부

요즘 세상은 너무도 시끄럽고 조용할 날이 없이 요란하다.
빈 깡통이 자갈밭을 구르는 형국이다.
모두 마음들이 텅텅 비어 있어서일까?

스물한번째날 **근심 걱정에서 벗어나는 길**

가슴이 답답한 것을 근심이라 하고, 눈물을 뿌리면서 슬퍼하는 것을 탄식이라 한다.
근심과 괴로움은 온갖 고통을 불러들인다. 고통의 나무는 이렇게 하여 점점 크게 자란다.

〈숫타니파타〉

어느 한 사람 근심, 걱정 없는 사람 어디 있으랴. 날씨가 흐려도 걱정 맑아도 걱정. 더워도 걱정, 추워도 걱정. 잠시 한순간도 걱정 끊일 날이 없는 세상을 살아가고 있다.

그뿐이랴. 굶주리며 사는 것도 걱정이라지만, 호화롭게 넘치는 부를 누리고 살면서도 걱정이 태산이다. 그래서 붓다는 이를 보고 "인생은 고苦"라고 했던 것 같다. 하지만 삶 모든 자체가 고苦일 수는 없다. 때로는 즐겁고 행복한 날들이 있지 않은가.

그런데 즐거움과 행복이 영원하지 않고, 즐거움 뒤에는 항상 우울하고, 괴롭고, 짜증 나는 시간이 뒤따르니 이 또한 웬 말인가. 그래서 고통이라고 말할 수밖에 없었던 같다. 그렇다면 고라고 할 수 있는 근심, 걱정은 어디서 생길까?

고苦의 의미는 이렇다. '마음이나 몸이 괴로워 편하지 않음' '뜻대로 되지 않아 마음이 어지럽고 불안함' '어지러운 생각에 부대끼고 시달려서 마음이 균형을 이루지 못한 상태' 등의 미혹에서 일어나는 마음 작용을 말한다.

이런 현상들을 일러 일체개고一切皆苦라고 말을 한다. 일체개고의 주된 원인은 생로병사生老病死이다. 사람은 태어나 죽는 그날까지 괴로움 속에서 벗어나지 못하고 살아간다. "인간은 하루 동안 108번뇌 속에서 살아간다" 라고 말하기도 한다. 그러기에 사람이 살아가는 그 자체가 고苦일 수밖에 없다.

그렇다고 인생을 고에만 매달려서 되겠는가. 그리고 고에서 벗어나는 길은 없다는 말인가. 근심 걱정에서 헤어나는 길이 없다는 것인가?

그 비법은 '일체유심조一切唯心造' 마음먹기에 달려 있다는 의미를 잘 세기면 될 것 같다. 사실 그렇지 않은가. 어떤 근심이나 걱정이라도 깊게 품고 있을 필요는 없을 것 같다.

생기면 생기는 대로 버리면 그만이다. 놓아 버리면 된다.

스물두번째날 **애착이 만든 인생**

애착으로부터 비탄이 일어나고 애착으로부터 두려움이 자라나느니
애착을 떨쳐버린 이에게서 비탄도 두려움도 떠나가리라.

〈법구경〉

사람이 태어나면 그때부터 본능적으로 소유욕이 생긴다. 소유욕은 애착으로 발전한다. 애착은 욕심으로 번진다. 욕심이 하늘 높은 줄 모르고 커간다. 그러다가 끝내는 파멸로 생을 마친다.

사자나 호랑이는 소유욕이 없다. 애착도 없다. 한 마리 들 짐승을 잡아 포식하고 나면 그만이다. 더 이상 소유욕이나 애착을 갖지 않는다. 그런 다음 배가 고프면 그제야 사냥을 한다.

그런데 인간의 본성 속에는 소유욕과 애착이 가득 차 있다. 태어나는 순간부터 본능적으로 내 것을 챙기고 성장하면서 필요 이상의 것들을 탐닉하고 쌓아 놓기에 바쁘다.

서울 금싸라기 땅에 10억이 넘는 아파트 수십 채를 가진 보유자들이 많다. 이에 비해, 집 한 채 없이 월세방을 전전하는 서민들이 부지기수다. 인간은 남보다 많이 가졌다는데 큰 보람과 희열을 느낀다고 했다.

그렇기 때문에 죽기 살기로 재산을 모으나 보다. 쌀 한 톨도 남에게 주지 않으려는 애착심에 큰돈 벌었다고 자랑하고, 성공했다고 으스댄다. 그들이 재산이 많다고 해서 마냥 즐겁고 행복하기만 했겠는가.

어쩌면 사는 동안 많은 재산을 걸머쥐고 있는 한 걱정과 불안과 두려움에 잠 못 이룬 날들이 어찌 없겠는가. 그런 날들을 살다가 끝내는 10원짜리 동전 한 닢 가치 있게 써보지 못하고 황천길로 떠나가는 사람들을 흔하게 목격한다.

알고 보면 내 것이라고 할 게 하나도 없다. 세상만사 제행무상諸行無常이라 했다. 소중한 인생 부질없는 애착 속에 살다 가는 것이 너무 허망하고 애처롭기만 하다.

스물세번째날 **소욕지족의 보약을 드시라**

나쁜 마음을 품고 사람들을 현혹시키지 말고 스스로 마음을 단정하게 하여 끊임없이 정진해야 한다.
비록 작은 것에도 만족하는 법을 깨닫고 지나친 탐욕을 부리지 말라.
이것이 곧 계율을 지키는 방법이다.

〈불유교경〉

우리 몸은 무의식중에도 불리하거나 외부 공격을 받게 되면 반사적으로 자기 몸을 피하려는 방어 기능이 발동된다. 이것은 어느 생명체이건 마찬가지이다. 곤충이나 동물들에게도 몸을 보호하기 위한 보호색이 있어 외부 침입으로부터 자기 몸을 보호하는 데 민감하다. 하물며 인간이 다른 동물이나 식물만 못하겠는가. 눈에 티 하나만 날아들어도 순간적으로 눈이 감긴다.

이처럼 인간 또한 자기 자신을 보호하는 데는 본능적 반응은 예삿일이다. 그런데 인간은 자기방어도 능란하지만 공격에도 능란하다. 자기 몸 귀한 줄 알면서도 어쩌면 남의 몸은 하찮게 생각하는 경향이 많다.

그뿐만 아니라, 자기의 입신양명立身揚名을 위해서는 어떤 일이고 물불을 가리지 않는다. 시간 장소 가릴 것 없이 이곳저곳에서 자기 이익과 이권을 위해서 거짓 사기, 중상모략 갑질, 폭행 살상 등이 수없이 전개되고 있다. 이것은 억제하기 힘든 인간의 탐욕 때문에 그러하리다. 탐욕은 절제 불능에서 온다. 탐욕을 쉬게 하는 방법은 소욕지족少欲知足이다.

만족은 참으로 건전한 마음 상태를 유지하고, 마음과 몸을 건강하게 한다.반대로 턱없이 탐욕을 가지는 것은 자기 자신을 병들게 하고 끝내는 파멸을 가져오게 한다.

인간은 탐욕이란 올가미에 걸려 한시도 편할 날 없이 괴로움 속에 살아가고 있다. 탐욕은 사회적 제도나 어떤 계율로서도 막기 힘들다. 탐욕의 올가미에서 벗어나 자유롭게 건강하게 사는 길은 오로지 자기 각성 그리고 실천뿐이다. 소욕지족 보약을 드시고 마음 편하게 살아보시라.

스물네번째날 **마음이 가는 곳에**

마음이 생기면 갖가지 법이 생기고,
마음이 소멸하면 갖가지 법이 소멸한다.

〈능가경〉*

마음이란 신비로움 그 자체다. 마음이 우주 만물 천지를 만든다고 했다. 마음 가는 곳에 기쁨도 있고, 슬픔도 있고, 행복도 있고, 불행도 있다. 내가 잠을 자고 있더라도 내 마음은 서울도 가고, 대전도 가고, 목포 신안 앞바다에도 간다. 마음은 과거에도 있었고, 오늘 이 시간도 있고 내가 죽은 다음 무의식 속에도 있다.

이렇게 다채로운 마음은 밤낮없이 지옥과 극락을 오고 간다. 마음은 스스로 지옥도 만들고, 극락도 만들고 있기 때문이다. 한순간 마음 쉬면, 세상이 편안하고 그지없이 고요하다. 내 마음 쉬는 그 자리가 극락이요, 내 마음 혼란하면 그곳이 지옥이다.

그대가 지옥에 산들, 극락에 살든 어느 누가 간섭하랴. 이것을 모르는 너는 오늘도 극락, 천당을 가기 위해 온갖 교태를 부리고 있다. 그러는 너를 조물주도, 붓다도, 예수도, 공자도, 어느 누구도 지옥에서 구해주거나, 극락에 태어나게 해줄 자는 아무도 없다. 왜냐면 그대 마음 마음속에 극락과 지옥이 있기 때문이다.

마음이 편치 않으냐? 마음이 괴로우냐? 근심 걱정을 없애주기를 어느 누구에게도 애원하지 마라 기도하지 마라. 한때 전도몽상顚倒夢想이거나 자업자득自業自得이다. 마음이 일으킨 허상이다. 마음 쉬면 그지없이 고요한 적막에 든다.

* 능가경(楞伽經): 능가성에서 석가모니가 대혜 보살을 상대로 설한 불교 경전. 인도 유가행파 – 여래장 계통 경전이다

스물다섯번째날 **무주상보시를 행하라**

보시의 공덕은 이루 다 헤아릴 수 없다. 부처님 말씀을 보시하면 무한의 지혜를 얻게 되고 의약을 보시하면 병마의 공포에서 벗어나게 된다. 등불을 보시하면 눈이 밝아지게 되고 음악을 보시하면 내 목소리가 아름다워진다. 침구를 보시하면 편안한 생활을 하게 되고 좋은 땅을 보시하면 언제나 창고가 가득 차게 된다.

〈육취윤회경〉*

보시報施란 참으로 맑고 숭고하고 지고至高하다 하겠다.

베풂으로 즐겁고, 받음으로 즐겁다.

바른 보시란 주고 나서 주었다는 생각을 버려야 한다.

대가를 바라거나 서로 부담을 가져서는 안 된다.

또한 물물교환이나 이해득실이 개입해서도 안 된다.

오로지 주는 마음, 받는 마음, 가볍고 고요하면 된다.

이러한 보시를 일러 '무주상보시無住相布施'라고 한다

진정한 보시야말로 무주상보시이다.

마음에 한치라도 부정한 마음이 개입되어서도 무상보시라 할 수 없다.

무상보시를 하여야만이 진정한 공덕의 열매를 맺을 수가 있다.

보시는 또한 서로 믿음과 자비심을 연결하는 고리가 된다. 신뢰의 원천이 된다.

보시란 내가 행한 보시 공덕으로, 받는 자가 행복하고 잘 살기를 기원하는 도구이다.

돌이켜 보면, 그 공덕, 그 마음이 어디로 가겠는가.

나 또한 그 공덕으로 내 삶이 윤택해지고 행복과 평화가 무량겁 쌓을 것이다.

진정 잘 살고 행복하기를 바라거든 무주상보시를 행하라.

---

* 육취윤회경(六趣輪迴經) : 마명보살(馬鳴菩薩) 찬(撰), 서천(西天) 일칭(日稱) 등 한역.

스물여섯번째날 개똥밭에 굴러도 이승이 낫다

우리 다 언젠가 이 세상 떠나가야 할 존재이거늘 그만 어느 결에 잊고 살아가고 있다.
이것을 깊이 깨달아 한시도 잊지 않는다면 크고 작은 다툼 떠나 초연해질 것이다.

〈법구경〉

모든 생명은 태어났기에 죽음이 따른다. 죽음 앞에서는 항우 장사도 이를 피해 갈 수는 없다. 그런데 모두 100세 장수를 기원하고 온갖 건강식품을 쌓아놓고 섭취하고 있다. 목전에 죽음을 앞둔 시한부 인생도 하루라도 더 연명하기를 기원하고 있다.

생이란 한없이 무상하건만 목숨이란 한없이 끈질기기도 하다. 선뜻 생을 포기하려 하지 않는 마음은 누구나 같을 게다. 사후에 극락과 천국 이보다 더 아름다운 삶이 보장된다 할지라도 결코 이 생을 포기하고 싶은 생각들은 없다.

사후란 미지의 세계는 누구도 알 수 없기 때문이다. 그런데도 뭇 종교에서는 고통이 없고 무엇 하나 부족함이 없이 매일 즐거움만 가득한 곳을 가리켜 천국과 극락이라 하여 약장사가 약을 팔듯 선전을 하고 있다.

만약 그런 곳이라면 무엇을 망설이겠는가. 한시라도 빨리 목숨을 끊고 가야 할 진 데 모두 왜 망설이는가? 아무리 그렇더라도 선뜻 죽음을 택하지 않는다. 사후 세계는 누가 뭐라 해도 불안하고 믿을 수 없기 때문이다. 무지의 땅, 불투명한 세계이기 때문이다. 가보지 않은 다음에야 "개똥밭에 굴러도 이승이 낫다"라는 말이 틀린 말이 아닌 것 같다.

내가 현재 어렵고 힘들더라도, 죽어 다시 환생이 약속될지라도, 지금 현재 내가 숨쉬고 살아있는 이 순간이야말로 너무나 소중하고 거룩한 사실이 아니겠는가.

스물일곱번째날 **물질과 허공의 숨바꼭질**

물질이 허공과 다르지 않고 허공이 물질과 다르지 않아서
물질이 곧 허공이요 허공이 곧 물질이다.

〈반야심경〉

세상 모든 존재들은 모양을 갖추고 있다. 그리고 이름을 가지고 있다.
생겨났다 사라지고, 또 생겨났다 사라지기를 끝없는 세월 동안 수없이 반복하고 있다.
언제 어디서 어떻게 왔는지도 모르는 무한한 공간 속에서 돌고 또 돌고 있다.
눈에 보이는 것을 색色, 물질이라고 한다.
색이 잠시 사라져 눈에 보이지 않는 것을 공空, 허공이라고 한다.
색이 잠시 없어졌다고 해서 완전히 없어진 것이 아니라, 다시 생겨나면 바로 색이다.
사람 몸도 이와 같다. 태어남 그 자체가 물질의 형성이다.
죽음 자체가 소멸이고 허공인 것이다.

아무리 발버둥친다 해도 사람이 태어난 이상 언젠가는 물거품처럼 사라진다.
그런데 나는 어디서 왔을까? 내 곁에 수많은 존재들은 다 무엇인가.
이들이 지금 내 곁에 모습을 갖추고 서 있지만 언제 바람과 같이 사라질지 모른다.
그토록 사랑하는 사람들이 한 사람 한 사람 내 곁을 떠나가고 있다.
그러나 다시 나타난다고 했다. 물질과 허공의 숨바꼭질이다.
현재 내가 보고 느끼고 있는 만물의 조화는 거짓이 아니다. 진실이다. 진리이다.
현재라는 이 순간, 나 그리고 내 곁에 수많은 존재들은 허상이 아니라 분명히 보인다.
보고 있다. 존재하고 있다. 이 모든 존재들은 나와 같아 더없이 귀하고 소중하다.
필요하거나 필요없거나, 잘났거나 못났거나 하는 것은 편견이고 조작이지 진실이 아니다.
내가 필히 존엄하게 생존해야 한다는 당연성 속에 모든 생명들을 포함하고 있다.
모두 내 몸 아끼듯 서로 아끼고 사랑해야 하는 천륜이다.
그렇게 살다가 생명이 다하는 그 어느 날, 미련 없이 떠나는 것이 최고의 기쁨이 되리라.

스물여덟번째날 **원망은 망각이 특효약**

실로 이 세상에서 원한을 원한으로 갚는다면 원한의 고리는 영원히 끊어지지 않을 것이다. 인내만이 원한의 고리를 끊을 수 있다. 또한 원망은 원망에 의하여 갚아지는 것이 아니다. 다만 놓아버림으로써 소멸되는 것이다. 이것은 영원한 진리이다.

〈잡아함경〉

원망은 어디에서 생겨날까? 원망은 뭐니 뭐니 해도 내가 바라는 것을 상대방이 수용하지 않았거나 나의 소중한 것을 빼앗겼을 때 일어나는 일이다. 원망은 상대가 있어야 성립되기에 평생 원망할 사람 한 명도 없이 살았다면 아주 삶을 잘 살았다고 할 수 있을 것 같다.

다시 말해 원망이란, 상대가 나의 뜻에 충족을 못 시켜줄 때 생기는 것이고. 다른 하나는 상대로부터 내가 피해를 당했을 때라고 할 것 같다. 전자가 나의 욕망에서 생기는 것이라면, 후자는 내 잘못을 떠나서 일방적으로 상대방에게 불이익이나 강요나 공격을 당했을 때 일어나는 현상이라 하겠다.

그 외에도 원망은 타의적이거나 자의적으로 다양하게 발생된다고 볼 수 있다. "여자가 원한을 품으면 오뉴월에도 찬 서리가 내린다"라고 했다.

원망은 이처럼 무서운 무기도 되고, 독성을 가지고 있다. 그 원망은 늙어 죽을 때까지 가지고 간다 했다. 그런 원망은 보복을 낳게 되고, 나에게 치명적인 손상을 가져온다. 혹자가 친한 친구에게 사기를 당하여 많은 돈을 잃고 화병이 났다고 치자.

사기를 친 친구는 아무런 죄책감 없이 잘 살고 있건만, 진정 사기당한 자는 돈 잃고, 건강 잃고, 결국 생명마저 잃기도 한다.

이렇게 사람이 사는 동안 단 한 번이라도 타인에게 원망 살 일이 없었다고 하거나 또한 피해 당한 일이 없었다고 한다면 참으로 잘 살았다고 할 것 같다. 그러나 큰 피해를 당하여 원망을 오래 가슴에 담고 있어서는 안 될 일이다.

분명 당사자에게 치명적인 손상이 온다는 것을 알아야 한다. 어떤 원망도 그 순간 돌아서서 잊어버리면 그만이겠지만 쉽사리 지워지지 않은 것이 사람 마음이다. 원망을 버리고 온전하게 살아가려면 어떻게 해야 하겠는가. 첫째도 망각, 둘째도 망각이다.

망각이 특효약일 것 같다.

스물아홉번째날 **잊을 것은 잊어버려라**

자녀가 있는 사람은 자녀 때문에 기뻐하고 소를 가진 사람은 소 때문에 기뻐한다.
그러나 자녀가 있는 이 자녀 때문에 근심하고 소를 가진 이 소 때문에 근심한다.
근심 걱정은 집착에서 비롯되나니 집착이 없는 사람에게는 근심 걱정도 없다.

〈숫타니파타〉

세상을 살아가면서 근심 걱정이 한두 가지이겠는가. 눈만 뜨면 걱정이라고들 한다. 자식 걱정, 사업 걱정, 먹는 것 걱정, 입는 것 걱정. 시도 때도 없이 모든 게 다 걱정거리이다. 살아가면서 어찌 기쁜 일이야 없겠느냐만 평생 따지고 보면, 걱정하는 시간이 훨씬 많다는 것이다.

무자식이 상팔자라는 말이 있다. 그렇지만 스님이나 신부, 수녀처럼 특정한 삶이 아닌 이상 자식 없이 산다는 것은 후손 번식 차원에서 좋아 보이지 않는다.

옛날처럼 자식이 많다 보면 어려움보다 이로운 점이 많다고 했다. 자식이 있다고 해서 꼭 걱정만 하고 살지는 않다. 걱정이나 근심도 하는 사람이나 하지, 막무가내 누구나 다 근심 걱정만 하고 살겠는가.

근심 걱정은 집착에서 온다. 당연히 집착이 많은 사람이 근심 걱정이 많을 수밖에 없다. 현명한 사람은 근심 걱정을 아무 때나 하지 않을 것이다. 집착을 마음에 두지 않기 때문이다. 마음이 건강하다는 것은 집착이 적다는 것이다.

'내 품에 자식이다'라는 말처럼 자식도 성장하면 과감히 품에서 떨쳐 내야 한다. 그래야만 자식이 부모 없어도 스스로 건강하게 잘 살아갈 수 있다. 돈 없다고 걱정하거나 기죽어 살 필요 없다.

있으면 있는 대로, 없으면 없는 대로 살면 그만인 것을 근심 걱정이 무슨 도움이 되겠는가. 그럴 시간에 열심히 일하면 된다. 모름지기 사람이 잘 사는 것이란, 근심 걱정 없이 사는 것일 게다.

근심 걱정도 사람 따라온다. 마음이 약하면 근심 걱정이 그를 삼켜버리고 만다. 강인한 정신력은 근심 걱정도 한 방에 날려 버린다.

서른번째날 **빈 깡통처럼 요란한 세상**

얕은 물은 요란한 소리를 내며 흐른다. 그러나 깊은 물은 소리를 내지 않는다.
모자라는 것은 항상 소리를 내지만 가득 찬 것은 소리를 내지 않는다.
이처럼 어리석은 사람은 채우다 만 항아리와 같고, 지혜로운 사람은 깨끗한 물로 가득 찬 호수와 같다.

〈수타니파타〉

모자라는 것은 항상 소리를 낸다고 했다. 여기에 하나를 더한다면, "빈 수레가 요란하다"라는 말도 있다. 속이 꽉 찬 사람이야말로 항상 묵직하다고 말들을 한다. 하지만 요즘 세상은 묵직해서는 안 되는 것 같다. 말을 잘해야 한다. 그래야만 인정을 받는다.

그런데 그렇지도 않다. 말 많으면 입 벌레가 되고 만다. 때문에 말을 잘한다고 해서 능사能事는 아니다. 실속 있고 정확하고 바른말을 해야 한다.

말 잘하는 사람들을 보면 대개 지나친 자기 자랑, 이권 목적, 교란성 언어를 난발하고 있다. 특히 정치인들은 물론이거니와 요즘 유튜브가 대세라 유튜버들의 말들이 유행한다. 그들의 말이란 정체성이 불확실하여 자칫 정신 차리지 않으면 현혹되기 십상이다. 아예 거기에 재미 붙어 푹 빠진 사람들이 많다.

이렇게 말을 좇는 사람은 대부분 정신적 불안과 심리적 불만족에서 온다는 사실이 조사 결과 증명되기도 했다. 불가에서 묵언을 중심으로 수행을 하고 있다.

묵언이란 참으로 깊고도 오묘하다. 말을 하지 않는다고 소통이 안 되는 것은 아니다. 이심전심以心傳心이란 말이 있지 않은가. 눈빛만 보아도 알고, 눈으로 말을 하고, 눈으로 의사소통이 된다는 것이다. 묵언 중에 아무리 어려운 화두들도 하나하나 풀린다. 묵언은 깊은 사유와 바른 행위를 결정지어 준다.

요즘 세상은 너무도 시끄럽고 조용할 날이 없이 요란하다. 마음들이 텅텅 비어 있어서일까? 그 속에 나 역시 빈 깡통처럼 요란한지 모른다. 마음을 가다듬고, 조용히 내 마음속을 들여다보는 시간이 필요할 것 같다.

연꽃 속에 진주

제4부

사람이면 누구든 행복하기를 바란다.

행복이 무엇일까?
행복은 어디에서 오는 것일까?

행복은 묻고 답하기 이전 사람들에게는
절대적 소망이며 갈망일 것이다.

서른한번째날 참교육은 어떻게 해야 할까?

널리 일체중생을 돌아보니 한 사람도 빠짐없이 부처님의 지혜와 덕상德相을 갖췄건만
다만 망상과 집착으로 인해서 도를 증득하지 못할 뿐이다.

〈화엄경〉

갓 태어난 아기를 보라. 동물들의 새끼들을 보라. 어느 새끼를 막론하고 맑고, 귀엽고, 천진스럽지 않은 것이 있으랴.

길모퉁이 땅속에서 막 피어나는 이름 모를 새싹, 곤충의 애벌레 하나까지 어떤 것 하나 손색 없이, 때 묻지 않은 어린 생명체들을 바라보노라면 경외롭고 숙연해진다. 그러나 모든 존재들은 성장하면서 모습들이 가지각색으로 변화되어간다.

신체도 변해가지만, 마음도 변해간다. 그런 성장 가운데 사람들은 배움을 통해서 자기의 이상과 가치성을 창출한다.

배움이란 지극히 중요하여 스티브 잡스는 'stay foolish'라는 의미 있는 말을 남겼다. 이 말은 "나는 어리석다"라는 뜻이다. "배움을 포기하거나 늦추지 말라"라는 말이다.

배움 속에는 빼놓을 수 없는 두 가지 특징을 가지고 있다. 하나는 '참다운 것', 또 하나는 '생명을 가진 자로서 해서는 안 될 악의적인 것'이다. 참다운 배움이야 끝없이 추구해야 할 일이지만, 불의不義적인 행동이나 말은 누가 가르쳐 주지 않아도 스스로 터득하고 물들게 된다. "가랑비에 옷 젖는 줄 모른다"라 말처럼 자기 자신도 모르게 익혀지는 것이 불의적 언어와 행동이다.

예를 든다면, 요즘 끊이지 않은 어린 학생들의 학내 폭력과 비행을 보라! 이것들을 어린아이들만의 탓으로만 돌리기에는 문제가 있다. 이 아이들이 어떻게 해서 비행 청소년으로 발전하게 되었을까를 짚어보아야 한다.

원인은, 자라나는 환경 탓도 있지만, 전적으로 부모의 잘못이 클 수밖에 없고, 그 다음으로 친구나 미디어 매체에 큰 영향이 있다고 본다. 이처럼 가정 교육, 학교 교육, 사회 환경 등, 할 것 없이 구심점을 잃고 잘못된 관습과 바르지 못한 문화를 보여주고 있기 때문이다.

인성과 덕성, 예절과 도덕 교육이 부재 상태에 있다. 이러한 데도 이렇다 할 방법을 찾아내지 못하고 있다. 하지만 인간은 본래 마음은 청정하고 덕성스러운 지혜가 잠재되어 그 참마음만 잘 밝혀내면 된다. 마음 수련을 통하여 참 나를 찾아보자.

서른두번째날 **오늘이란 이 시간**

오로지 오늘 해야 할 일에 최선을 다해 땀 흘려 노력하라.
그 누구인들 내일 죽음이 있다 한 들 어찌 알겠는가.

〈중아함경〉

철학자 스피노자는 "내일 지구의 종말이 온다고 해도 나는 오늘 한 그루의 사과나무를 심겠다"라고 하였다. 오늘이라는 시간은 우리에게 최고의 선물이다.

어제 죽은 자가 그렇게도 그리워한 오늘이다. 살아 있다고 하나, 내일 일을 어찌 다 알 수 있겠는가. 화재가 나서, 교통사고가 나서, 불치병으로 등등 예측할 수 없는 죽음으로 하루에도 수없은 사람들이 저 세상으로 떠나고 있다. 내일을 누구도 보장하지 못할뿐더러 의문투성이들이다.

그렇다고 지나간 어제 일을 돌이켜 무엇하겠는가. 하여 지금 이 순간, 숨 쉬고 있는 이 시간이 얼마나 고귀하고 소중한가. "그렇다면 당신은 다시 돌아오지 않은 이 시간을 어떻게 살 것인가?" 생각하건대 이 짧은 물음이 참으로 의미 진지하다.

우리 주위만 살펴보더라도, 가까운 이웃뿐만 아니라, 수많은 호스피스 병동에서 내일이 될지, 모래가 될지 모르는 죽음 앞에서 병마에 시달리고 있는 환자들이 부지기수다. 이들에게 무슨 즐거움이 있겠으며, 삶의 의미가 있겠는가. 오로지 건강하게 하루라도 오래 사는 것이 로망일 것이다.

무엇보다 오늘 이 순간, 내가 살아 있고, 건강하고, 내 스스로 할 수 있다면 그보다 더 행복한 일이 또 어디 있겠는가.

그렇지만 세월은 나를 그대로 놓아두지 않고 늙고 병들게 하고 있다. 그래 지금 내가 다행히 건강하다고 해서 자신하거나 자만해서는 안 될 일이다.

건강하게 살아있는 동안 내 삶을 위해 어디에 가치를 두고 투자해야 할 것인가에 대해 곰곰이 따져보는 것도 괜찮을 것 같다. 또한 나의 입신양명立身揚名을 위한 투자보다. 내가 그동안 알게 모르게 빚진 이들에게 남은 인생 어떻게 회향廻向할 것인가 생각해 보는 것도 참으로 중요할 것 같다. 오늘이란 이 시간, 내 마음의 백지 위에 진솔한 나의 고백을 숨김없이 담아 보았으면 좋을 듯하다.

서른세번째날 **행복은 순풍처럼 온다**

어떠한 것에든 만족하는 것이 행복이고 목숨이 다할 때에는 공덕이 행복이고 일체의 괴로움을 버리는 것이 행복이다.

〈법구경〉

사람이면 누구든 행복하기를 바란다. 행복이 무엇일까? 행복은 어디에서 오는 것일까? 행복은 묻고 답하기 이전 사람들에게는 절대적 소망이며 갈망일 것이다. 그런 행복에는 차이와 농도가 있다.

행복은 물질과 비례하기도 하지만, 마음과 절대적 비례한다. 분명한 것은 어떤 조건이든, 어떤 환경이든 마음의 만족도에 따라 행복의 농도가 결정되기 때문이다. 행복을 여러 형태를 비교 분석하다 보면, 종국에는 '마음먹기에 달렸다'라는 종착역에 이르게 된다.

행복은 여러 가지 조건이 100% 만족되어야 한다는 논리도 있겠지만, 10% 채움, 50%의 채움 등에서도 행복을 얻을 수 있고, 아무리 가진 것이 없다 해도 그 가운데 행복은 피어난다는 것을 부정할 수 없다. 분명한 것은 절대 욕심으로 행복이 채워지지 않는다는 것이다. 그런데도 욕심으로 행복을 추구하려는 사람들이 많다. 그것도 100% 이상의 행복을 갈구하고 있다. 행복은 욕심이 개입되면 그 순간 진정한 행복이라 할 수 없다. 그래서 혹자는 "무소유와 무념 속에서 행복이 꽃핀다"라고 했다. 그렇지만 "극도로 빈곤한 상태에서 어떻게 행복을 얻을 수 있다는 말인가"라고 반문을 할 수도 있다.

어느 날 길을 가다. 아스팔트 길 중간 좁는 틈새로 들꽃 한 송이가 머리를 들어 환하게 웃는 것을 목도했다. 행복이란 어떤 관념 속에 지배되지 않고 어느 때나 순수하게 따뜻하게 다가온다는 것을 알 수 있다. 사실 행복이란 놈은 시시각각 마음의 변화에 따라 그 모습을 바꾼다. 하여 변화무쌍한 놈이기도 하다.

그러기에 행복이라는 것은 빈 항아리에 물을 채우듯, 채우고 비우고를 반복 가운데 그 면목이 드러나지 않을까. 채우고 비우고 하는 가운데 채움의 충만함도 느끼겠지만, 비움으로써 시원함도 얻을 수 있다. 그러길래 애써 욕심부려 행복을 찾을 것도 없다. 있는 그대로 살자. 행복은 순풍처럼 불어온다.

서른네번째날 **음식 문화의 진풍경**

갖가지 음식을 먹을 때에는 맛을 느끼는 그 마음을 잘 알아차려 맛에 집착하는 생각을 버려야 하며, 몸의 느낌에 애착할 때에는 촉감을 애착하는 그 마음을 잘 조복하여 그치게 하여야 하느니라.

〈아함경〉

사찰에서 식사(공양)할 때 외우는 게송이 있다. 이 게송을 오관게五觀偈라고 한다. 내용을 살펴보면,

이 음식이 어디서 왔는고	計功多少量彼來處
내 덕행으로는 받기가 부끄럽네	忖己德行全缺應供
마음의 온갖 욕심 버리고	防心離過貪等爲宗
육신을 지탱하는 약으로 삼아	正思良藥爲療形枯
도업을 이루고자 이 공양을 받네	爲成道業應受此食

하루 한 끼 밥을 먹는 데도 그저 단순하게 배를 채우고자 하는 행위가 아니다. 수행승들은 매일 공양을 할 때마다 이 게송을 합송한 후 공양을 한다. 이것이 수행의 일부분라고 하지만 그 내용 속에는 너무도 진지한 뜻이 담겨 있다. 한 알의 곡식이 어디서 왔는가를 생각하고, 이 음식이 만들어져 나의 입에 오기까지 수많은 정성과 노력으로 이루어낸 공양이야말로 너무나 감사한 음식이라는 것을 생각하고 섭취해야 한다는 것이다.

수행은 이와 같이 음식을 섭취하는 과정까지도 심오한 뜻을 마음속에 새기며 한다는 그 자체가 너무도 훌륭하다. 모름지기 어떤 일이든 자기가 해결했다고 해서 그 공을 자기 자랑으로 삼아서도 안 될 것 같다. '자기가 자기 돈으로 당당하게 쌀을 사서 맛있는 밥을 해서 먹었는데 무슨 감사하는냐!'라고 하는 오만한 태도를 가져서는 안 될 것 같다.

그런데 요즘은 음식이 남아 돌아가는 세상이 되다 보니, 사실 '아무리 맛있는 음식도 사흘만 먹으면 싫증이 난다'라고 해서 관광버스를 타고 전국 맛집을 찾아다니는 진풍경을 목도하고 있다. 그런데다가 음식 쓰레기가 엄청나게 배출되니 쌀 한 톨에 대한 고마움이나 정성이란 아예 기대하기 어렵다.

하지만 그러한 소소한 곳에 삶의 가치가 있고 진리가 있다는 것을 모르고 산다는 것 또한 불행한 일이다.

쌀 한 톨의 의미를 되새기며 살아가는 것은, 자기 성찰이자 인격 향상이라 하겠다.

서른다섯번째날 **나쁜 사람 좋은 사람**

나쁜 사람과 사귀지 말라. 저속한 무리와 어울리지 말라.
착한 벗과 진실하게 사귀며 지혜로운 분을 가까이 섬겨라.

〈법구경〉

인간 세상은 나쁜 사람 좋은 사람 할 것 없이 다양한 성격의 소유자들이 함께 공존하며 살아가고 있다. 그렇다고 참신하고 착한 사람만 가려 세상을 만든다는 것은 있을 수 없을 일이다. 착하고 나쁘다는 것 또한 음양의 이치이기 때문이다. 음양의 이치야 말로 대 자연의 법칙이 아니겠는가.

그런데도 사람들은 모두 착하고 좋은 사람만 찾고 있다. 정작 자기 자신이 어느 쪽에 속한지 돌아보지 않는다. 그렇다면 어떤 기준으로 좋은 사람, 나쁜 사람을 판가름할 것인가.

사람들의 가치 판단은 대부분 자기 성격과 자기 성향 위주에서 좋다 나쁘다의 기준을 설정하는 수가 많다. 이것은 극히 개인의 편견이며, 고정관념이 된다. 때문에 자기 기준으로 '좋다', '나쁘다'를 설정할 것이 아니라 대다수의 사람들이 인정하는 쪽에서 답을 찾는 것이 옳을 법하다.

지금까지 성인聖人이라 불리고, 의인義人이라고 알려진 사람들을 보면 대개 만인이 '훌륭하다'라고 인정하고 우러러보는 사람들이다. 그들은 자기를 희생하며 의롭게 청렴하게 살았던 사람들이 분명하다. 그래서 마땅히 좋은 사람이라고 할 수 있다. 그런데 때로는 그들을 나쁘다고 음해하거나 모해하는 사람들이 있다.

이처럼 우리 사회는, 밝고 정의롭고 바른 생활을 추구하는 사람들이 있는가 하면 주관이 없이, 정의와 도리를 망각한 채 편견과 독선, 비방과 음해를 일삼는 사람들도 허다하다. 그러면서도 대개 그런 사람들이 좋은 나라, 좋은 사람, 좋은 생활을 꿈꾼다.

모름지기 좋은 세상, 좋은 사람, 좋은 생활을 찾거들랑 자기 자신이야말로 타인이 우러르고 따르는 좋은 사람으로 태어나야 하는 것을 망각해서는 안 될 것 같다.

서른여섯번째날 **남의 손에 든 것이 크게 보인다**

몸소 체험해 보지 않았다면 아무리 지식이 많아도 훌륭할 것이 없다.
목동이 주인의 소를 아무리 많이 세어도 자기의 소는 한 마리도 없는 것과 같이.

〈법구경〉

"남의 것이 크게 보이고, 남의 것이 많게 보인다"라고 했다. 크든 작든, 많든 적든 남의 손에 있는 것은 내 것이 아니다. 내 손에 있는 것이 진정한 내 것이라고 할 수 있다.

그런데도 사람들은 남의 물건에 관심이 더 많다. 그렇다고 남의 손에 든 것을 보고 아무리 애를 태워도 내 것이라 할 수 없다. 내 것은 내가 스스로 땀을 흘려 노력하여 얻어진 것이야말로 진정한 내 것이라고 할 수 있다.

남의 것을 보고 비교하거나 부러워하고, 남 따라 하기 바쁘고 온갖 방법을 동원하여 명품만을 취하려고 애를 쓴다. 게다가 욕심대로 안 될 때는 남을 속이거나 무력을 동원하기도 한다. 그러다가 결국에는 열등감과 스트레스로 병고에 시달리다 저세상으로 떠나고 만다.

이 모든 것은 욕심에서 오는 것이며, 자기 마음을 다스리지 못한 데서 온다고 볼 수 있다. 이것은 단순하면서도 어리석은 삶의 방식이다. 노력한 만큼, 있으면 있는 데로, 없으면 없는 대로 산다면 그런 일은 생기지 않는다.

이러한 진리를 몰라서인가. 알면서도 번뇌와 괴로움을 자처하는 것인가. 요즘 사람들은 적당함에 그치지 않고, 상대적 빈곤과 경쟁 속에 가난한 사람들뿐이다.

얼마나 가져야 잘 산다고 하겠는가. 얼마나 더 있어야 부족하다 하지 않겠는가. 얼마나 더 편리해야 편안하다고 하겠는가. 그 마음을 채워줄 수 있는 방법 찾으려 해도 찾을 수 없을 것 같다. 분별과 차별에서 오는 마음들이 천차만별이기 때문에 감히 누구도 답을 내리기 어렵다.

다만 각자 스스로 마음의 정도를 정하고, 추구해야 하는 경계이기도 하다. 행복과 불행도 이와 마찬가지이다.

서른일곱번째날 **지성과 인성은 간데없고**

의롭지 못한 것을 보고도 못 본 척하는 벗은 아예 가까이하지 말라. 감각적인 쾌락에만 젖어있는 벗과도 가까이하지 말고 오직 지성적이며 진리에 귀를 기울이는 고상한 벗을 가까이 하라. 그런 벗은 여러 가지로 자신에게 도움이 되니 모든 의심을 없애 버리고 저 광야를 홀로 가고 있는 무소의 뿔처럼 혼자서 가라.

〈숫타니파타〉

요즘 사람들은 인간 도리道理도 외면하지만 지성至誠스럽게 살고자 하는데도 관심이 멀다. 오로지 편하게 편리하게 사는 데만 급급하여 살아가고 있다.

그 대신 IT 산업이 빠르게 눈부시게 발전하고 있다. 그러다 보니 인성이 허물어지고, 감각적인 쾌락에 젖어 살 수밖에 없다. 게다가 인간으로서 본연이 지녀야 할 참스러운 정서도 메말라 가고 쾌적한 환경에도 극도로 오염되어가고 있다.

그뿐인가, 서로 간의 대립과 갈등 폭력이 난무하고 있다. 누가 불의의 습격을 당하여 옆에서 쓰러진다 해도 거들떠보지도 않을뿐더러 어렵게 오갈 데 없는 사람이 있다 해도 관심이 없다. 옛날 빈대떡을 부쳐 이웃 울 너머로 넘겨주던 풋풋한 정은 이제 찾아보기 힘들다.

이러한 세태 속에서 지성이나 인성을 말한다는 것은 사치일 듯싶다. 그래서 2,500년 전, 붓다는 인간 세상을 관觀하시고, "번뇌와 고통으로 덮인 고해苦海"라고 설파했을 게다. 무명無明 속에서 깨어나지 못하는 중생들을 보고 겸허하게 지적하신 것이다.

무명이란? '사물에 대한 도리를 밝게 알지 못한다"라는 뜻이다. 그리고 허상이나 과대망상에 젖어 사는 모습을 무명 속에 산다고 한다. 무명 속에 산다고 하는 것은 꿈속에 산다고 하는 것과 동일하다.

현실을 바르게 직관하고 바른 생각, 바른 삶을 살아가는 것이 꿈속에서 깨어나는 일이리라. 지금 이 순간, 나는 꿈속에 있는 것인지, 꿈이 아닌 성성적적惺惺寂寂 본성本性에 살고 있는지 잘 살펴보아야 할 것 같다.

서른여덟번째날 **동화속에 잠든 행복**

사람들은 저마다 자신의 행복한 삶을 살기 위해 자신이 마음속에 품고 있는 뜻을 따라간다.
사람들이 마음속에 품고 있는 뜻은 오직 한 가지다. 오늘보다 더욱 나은 내일이 되기를 바라는 것이다.
이 바람은 땀 흘려 노력하는 자만이 얻게 된다.
그래서 먼저 참는 것이 제일이고, 뜻을 이루고자 할 때는 먼저 욕심을 절제하는 것을 배워야 한다.

〈법구경〉

사람은 누구나 오늘보다 내일의 충만을 기대한다.
그 속에는 행복이 담겨 있다.
행복이란 크고 작고, 많고 적고의 차이 속에 담겨 있는 것이 아니라
마음이 편안하고 안정되어 있을 때 진실로 행복을 느낀다.
그런데 대부분 사람들은 행복을 바라는 그 가운데 욕심이 차 있다.
무엇이든 남들보다 많이, 그리고 남보다 부유해야만 행복으로 안다.
그렇게 채워야만 행복이라 여긴다.
게다가 땀 흘리지 않고 편안하게 사는 것을 행복으로 생각한다.
또 남들 위에 군림하는 것을 행복이라고 생각한다.

60여 년 전 보릿고개 때 이야기다.
덜 영근 보리를 베어 밥 지어 먹는 것만이라도 행복이었고,
좁은 방 한 칸 이불 하나에 온 가족이 함께 발 뻗고 자면서도
누워 잘 집이라도 있다는데 행복해 했다.

그러나 지금은, 50평이 넘는 호화 저택에 살면서도 행복 타령을 하고 있다.
물질이 남아도는데도 부족하고, 먹을 음식이 넘치는데도 허기진다고 한다.
외제차, 명품백, 유명 브랜드 옷을 입고서야 마음 놓고 거리를 나선다.
그런데 행복하냐고 물으면 요즘 가슴 아픈 일들만 쏟아낸다.
모두 힘들어하는 사람들뿐이다.
뭔가 부족하여 안달들이다.

행복은 어디로 갔을까?
혹 행복이 동화 속에서 잠자고 있는 것은 아닐까.

서른아홉번째날 **생사의 진실**

어리석은 사람에게는 살고 죽는 것이 큰 고통이다. 그것은 바른 진리를 모르기 때문이다.
바른 진리를 알고자 노력하는 것은 불멸의 길이요 게으르고 쾌락만 일삼는 것이 죽음의 길이다.
자아를 탐내지 않으면 죽지 않을 것이요 그 도를 망각하면 스스로 죽을 것이다.

〈법구경〉

도道를 이름하여 '바르게 길을 간다'라는 뜻이다. 도를 깨우치게 되면 바르게 살 수 있고, 최상의 행복을 얻을 수 있다.

어느 누구든 처음부터 바른길을 꿰뚫어 보는 사람이 있겠는가. 콜럼버스가 신대륙을 발견했다고 큰 소리쳤던 세상만 하더라도 지구는 평평하다고 주장했다. 아메리카 대륙을 모르고 살았다. 무능해서가 아니라 그만큼 안목이 어두웠고, 자연의 이치와 지식이 부족했기 때문이었으리라.

그러나 신대륙 발견 후 지구가 둥글다는 것을 알았고, 세상이 넓다는 것을 알았다. 그리고 세상 많고 많은 길[道]을 깨우쳤으리라. 길을 알았다는 것은 그만큼 눈이 트였다는 뜻이 된다. 눈이 트이다 보니 불생불멸不生不滅의 길도 알게 된 것이다.

또한 무아無我에 눈이 뜨게 되고, 태어나고 죽음 없는 생사일여生死一如를 알게 된 것이다. 이와 같이 도라는 것은 바른 진리를 아는 것, 쾌락과 집착에서 벗어남으로 완전한 반야* 지혜를 얻게 된다는 뜻이다. 그러나 도와 불생불멸을 참뜻을 안다 하더라도 가까이 가기에는 모두 어렵게 생각한다.

---

* 반야(般若): 대승 불교에서, 모든 법의 진실상을 아는 지혜.

하여 그 이치를 다시 풀이해 보면,

빗물이 얼음이 되고, 얼음이 녹아 물이 되고, 시냇물이 되고, 강물이 되고, 바다가 되고, 수증기가 되고, 다시 빗물이 된다.

이렇게 생기고 사라지고 또 생기기를 반복한 그 자체를 부정할 수는 없다. 그리고 시작도 끝도 없다. 이 현상을 불생불멸이라고 한다. 인간도 이와 같아서 알 수 없는 생生과 사死의 윤회 속에 지금 이 자리에 서 있다 하겠다.

진실로 불생불멸을 안다면 죽음이 어찌 두렵겠는가.

마흔번째날 **마음도 방치하면 썩는다**

타인의 허물을 보지 말라 선하다 악하다 판단하지도 말라.
오로지 나 자신의 행동을 살펴 선한지 악한지를 분명하게 판단하라.

〈법구경〉

고대 중국의 격언에 "여자 셋이 모이면 접시가 깨진다"라고 했다. 그 말은 여자 셋이 모이면 시기와 질투 등 남 흉보는 일이 많고, 간교한 모략이 발생될 수 있다고 했다.

이것은 여자뿐만 아니라. 남자 세계에서도 마찬가지다. 남자들도 술자리나 어떤 모임 자리에 두 사람 이상이 모였다 하면, 어떤 사건에 비판과 험담이 날 새는 줄 모른다. 예로부터 우리나라에는 당파 싸움이 심했고, 요즘도 정치인들 간의 치열한 공방과 당쟁은 끊이질 않고 있다. 그래서 춘추전국시대 공자는 제자들에게 이렇게 가르쳤다.

> 세 사람이 함께 가면 반드시 스승이 있게 마련이니,
> 그 선한 쪽을 골라 선한 사람을 따르고,
> 그 악한 쪽을 골라 나의 악한 모습을 고쳐야 하느니라.
> 三人行 必有我師焉 擇其善者而從之 其不善者而改之

그러나 때로는 내가 하는 행동이 선인지 악인지 분간하지 못할 때가 있다. 이럴 경우 어떻게 해야 하는가?

『시경詩經』 소아小雅편에 나오는 타산지석他山之石이란 말이 있다. "다른 산의 나쁜 돌이라도 자신의 산의 옥돌을 가는 데에 쓸 수 있다"라는 뜻으로, 본이 되지 않은 남의 말이나 행동도 자신의 지식과 인격을 수양하는 데에 도움이 될 수 있음을 비유적으로 이르는 말이다.

이는 나를 바르게 세우고자 하는 데는 상대방의 행동을 보고 거울로 삼으라는 말일 게다. 악함과 선함은 본성의 하나로, 때에 따라 자기에게서도 일어나고 상대에게도 일어난다. 그렇지만 자기 자신이 선함과 악함을 바로 보고 잘 다스릴 때야 말로 바른 삶이 형성되고, 품위와 가치관이 확립될 것이다.

그런데도 나의 잘못을 그대로 방치하면, 고인 물이 썩듯 마음도 썩기 마련이다.

연꽃 속에 진주

제5부

없이 산다고 서러워 말고,
힘없다고 고개 숙이고 살지 마라.

내일은 다시 해가 뜬다.
쥐구멍에도 볕들 날이 있다고 했다.

오히려 부족한 듯 사는 것이
마음 편하게 살 수 있는 길이다.

마흔한번째날 **나를 보지 못하는 눈**

남의 잘못은 보기 쉬워도 자신의 잘못은 보기 어렵다.
남의 잘못은 왕겨처럼 키로 켜지만, 자신의 잘못은 덮어버린다.

〈법구경〉

아침 TV를 켜면 맨 먼저 뉴스에 눈이 간다. 밤새 무슨 일이 있었나? 궁금하기 때문이다. 아니나 다를까. 끊이지 않은 사고 소식과 이스라엘과 파키스탄 전쟁 소식 그리고 약방에 감초처럼 세상을 시끄럽게 하는 정치인들의 쌈박질이 거의 뉴스 전면을 채운다.

옛 속담에 "남의 얼굴에 묻은 검댕이는 잘 보이지만, 자기 얼굴에 묻은 검댕이는 보이지 않는다"라는 말이 있다. 한결같이 잘못한 사람은 없고 남 탓하기 바쁘다. 그러다 보니, 이를 지켜보는 시청자들도 분별력을 잃고 멍 때리기 일쑤다.

그런데 정치인들뿐만 아니다. 누구라 할 것 없이 자기 행동에 있어 완벽할 수는 없지만, 자기의 잘못된 관행을 돌아볼 줄 모른다.

'목불견첩目不見睫' 이라는 말이 있다. "눈은 눈썹을 보지 못한다"라는 뜻으로 사람이 남의 허물은 볼 줄 알아도 자신을 제대로 보지 못한다는 뜻이다. 각자 자기 나름대로 잘나고 똑똑한 척하지만, 자기를 바라보는 눈은 결코 어둡다는 말이다.

아무리 자기의 허물을 감추려 하나 남의 눈에는 보인다. 때문에 "눈이 멀구 먹었냐!"라는 호된 질책을 받기도 한다. 그래서 무엇보다도 스스로 자기 자신을 바르게 성찰하는 심안心眼을 잘 닦아야 할 듯싶다.

마흔두번째날 **쥐구멍에도 볕들 날이 있다**

높은 데 있는 사람은 반드시 위태로움이 뒤따르게 되고, 많은 재산을 갖고 있는 사람은 반드시 궁색함이 뒤따르게 된다. 사랑하는 사람에겐 반드시 이별이 뒤따르게 되고, 이 세상에 태어난 것은 반드시 죽음이 뒤따르게 된다. 빛은 반드시 어둠을 동반하나니 이것이 바로 불변의 진리이다.

〈열반경〉

세상에서 제일 공평한 것이 있다면, 태어난 자, 누구라 할 것 없이 어느 땐가는 저세상으로 떠난다. 그뿐인가, 높은 자리에 있는 사람 또한 언젠가는 아래로 떨어진다.

보다시피 지난날 우리나라 최고의 자리에서 군림하던 자들이 감옥에 가거나, 시해를 당하거나, 나락으로 떨어져 처절하게 생을 마쳤다. 죽어도 떨어져서는 못 살겠다던 연인들이 결혼하여 살다가 어느 날 갑자기 원수가 되어 이별하는 것을 수시로 보고 있다. 돈 많다 뽐내며 거드름 피우든 동네 할아범이 손주에게 살해되었다고 아침 TV 뉴스에 떴다. 해가 지면 밤이 오고, 밤이 지나면 또다시 밝은 아침이 온다. 이것이 세상 이치이다.

> 없이 산다고 서러워 말고, 힘없다고 고개 숙이고 살지 마라.
> 내일은 다시 해가 뜬다. 쥐구멍에도 볕들 날이 있다고 했다.
> 오히려 부족한 듯 사는 것이 마음 편하게 살 수 있는 길이다.

톨스토이가 쓴 단편소설《사람은 무엇으로 사는가》를 보면, 각박한 경쟁 사회 그리고 차가운 인간관계, 사랑이 메말라버린 냉정한 사회에서 어떻게 사느냐? 라는 질문에 그는 오로지 따뜻한 '정情'만이 용기와 삶의 의욕을 가지게 한다고 했다.

정이란, 있건 없건, 잘 살 건 못 살 건, 누구나 할 것 없이 따뜻한 단어이다. 어머니 품속 같은 체온을 느끼게 한다. 죽는 그날 까지 정을 나누며 살자.

연꽃 속에
진주를 줍다

마흔세번째날 **평등과 불평등의 차이**

평등한 마음은 대지와 같아서 높고 낮음이 없다.
항상 모든 중생을 사랑하고 가엾이 여긴다.

〈화엄경〉

인간 사회에서 '평등'이란 말은 절대적 요소이고, 너무도 숭고한 말이다. 하지만 지금까지 말만 앞섰지 지켜지지 않고 권력자들의 노리갯감이 되기 일쑤였다.

뭇 종교인들은 천당을 빗대고 극락이 평등한 곳이라고 하지만, 사실상 인간이 생긴 이래 어느 누구도 천당이나 극락에 절대적 평등이 있다는 것을 확인한 사람은 단 일면도 없다. 평등이란 분별과 차별과 권력자가 있는 한 불가능한 단어이다.

평등의 사전적 의미는, "모든 사람들이 형평성에 어긋나지 않게 삶이 고르고, 존엄성과 인격적 격차가 최소화하는 것"이라고 해석하고 있다. 이것은 한때 세상을 흥분시켰던 '프롤레타리아'의 이념이나 다름없지만, 자본주의에서는 더욱더 그 뜻에 부응하는 평등이란 찾기 힘들다.

오히려 평등사상을 이용하여 가진 자와 권력자들이 강력한 불평등을 생산해 내고 있기 때문이다. 하여 인간 사회에서의 평등이란 항상 위태롭고 불안정한 평등이 지속될 수밖에 없다.

그러나 붓다가 이야기한 평등이란 다르다. 그는 '카스트제도', 한자로는 종성種姓 또는 사성四姓이라고 하는데, 인도의 고질적인 신분제도를 부정하고 누구나 마땅히 '존귀하다'라는 평등성을 주장했다.

누구나 존귀하다는 것은 틀림없으나 또 하나 평등이 실현되지 못하는 이유 중 하나는 서로 개성과 이상이 다르기 때문이다. 이상과 욕구가 다르면 서로 갈등과 대립이 발생하고 차별이 생길 수밖에 없다.이를 누가 중재할 수도, 중립의 안정을 가져올 수 있는 불가능한 일이다. 순탄한 방법은 기형적 평등이라 할지라도, 서로 인정하고, 자기 소신껏 최선을 다할 수밖에 없다.

또한 성인들이 "내 마음이 평등하면 선인善人이요, 나에게 욕심이 많다면 불평등이다"라고 했듯 평등은 누가 만들어 주기를 바라는 것보다, 내 마음 어디에 두느냐 따라 그 자리가 안도安堵의 평등이 있다는 것을 알아야 할 것 같다.

마흔네번째날 **복밭을 가꾸는 일**

보살은 복밭福田을 일구어 일체중생의 존재들에게 보시를 하여 세간이 모두 안락을 얻게 하고 일체중생을 구제하여 끝내는 영원히 해탈을 얻게 한다.

〈법구경〉

보살은 누구인가?

보살은 산스크리트어로 보디사트바Bodhisattva의 음사音寫인 보리살타菩提薩埵의 준말이다. 그 뜻은 일반적으로 '깨달음을 구하기 위해 수도하는 중생' '구도자' '지혜를 가진 자' 등으로 풀이된다.

때문에 보살은 외계인도 아니고 인간과 다른 이상적인 사람도 아니다. 보살은 누구에게든 차별 없이 자비를 베풀고, 남을 위하여 아낌없이 헌신적으로 봉사를 실천하는 사람이라면 모두가 해당된다.

우리 주위에 눈 여겨 보면 자비한 보살들이 눈에 뜨인다. 물론 나에게는 나를 낳아주신 부모님일 수도 있고, 추운 겨울날 아침 일찍 골목 청소를 미화원이 될 수 있고, 호스피스에서 몸이 불편한 환자를 간병하는 간호원이 될 수도 있다.

그런데 사람들은 언젠가부터 사람 모양의 보살상을 만들어 놓고 그 앞에서 밤새 구원을 하는 풍속도를 보게 된다. 그 이유야 말 못 할 사연도 있겠고, 사업이 잘 되게 해달라고 하거나, 자식들이 건강하게 잘 성장하게 해달라는 기원일 게다.

그렇다면 보살이 전지전능한 존재라도 된다는 것인가? 아니다. 보살은 앞서 설명했듯, 우리와 같이 평범한 일상생활 속에서 누구나 가능한 참 생활을 하며, 많은

선행을 실천하며 복밭[福田]을 가꾸는 사람들이라 하겠다. 복전福田이란 여기에서 나온 말이다. 기원祈願도 일종의 복밭을 가꾸는 일이다. 남이 잘 되기를 기원한다면 말이다.

복전이란, 논밭에 씨를 뿌려 곡물을 자라게 하고, 그 곡물이 잘 자라 영글게 되면 만민이 배부르고, 행복하게 한다는데 그 의미를 두고 있다. 우리는 세상을 살아가면서 이보다 참스러운 행위가 또 있겠는가. 눈앞에 내 이익만 생각할 것이 아니다. 남을 위하고 베푸는 일이야말로 더없이 보람 있는 일이며 참된 삶이라 하겠다.

하여 누구나 보살이 되기 쉽다. 지금부터라도 복밭을 가꾸는 일에 정성을 다해 보자.

마흔다섯번째날 **미움도 증오도 간 곳 없고**

기쁘게 살자, 중생들이여 이젠 우리를 미워하는 사람들도 미워하지 말고
까닭 없이 우리를 증오하는 사람들 속에서조차 미움을 깨끗이 떨치고 살자.

〈법구경〉

계속적인 여름 장마로 피해도 피해지만 생활이 불편하여 혹자들은 지루한 장마에 짜증 난다고 투덜댄다. 그렇다고 해서 삼복더위 햇빛 쨍쨍 나는 날만 계속된다면 그보다 더 짜증 날 수도 있다.

옛이야기에, 짚신장수 아들과, 우산장수 아들을 둔 어머니는 하루도 마음 편할 날 없이 근심만 안고 살았다고 한다. 그러나 한 마음 돌리는 순간, 매일 기쁨으로 돌아섰다. 비가 오면 큰아들 우산이 잘 팔려 좋고, 날씨가 좋으면 작은아들 짚신이 잘 팔려 좋아 근심 걱정을 풀어버렸다는 이야기다.

기쁘고 즐겁게 사는 일이야말로 근심 걱정을 놓아버리는 일이다. 그렇다고 근심 걱정 떨쳐버리는 일이 마음과 뜻대로 되는 일은 아니다. 눈만 뜨면 일터에 나가야 하고, 보기 싫은 직장 상사에게 갑질을 당해야 하고, 어쩌다가 사랑하는 애인이 변심을 하고, 믿은 친구가 돈 떼먹고 도망을 가고, 이웃사촌이 논을 사고, 이런 일 저런 일, 하루도 마음 편할 날이 없어 날마다 퇴근 후 집에 돌아와 괴로움을 술로 달래는 사람들이 한두 사람이 아닐 것이다.

이런 불편한 일들을 겪다 보면 어느 때, 속세를 떠나 산속에서 혼자 조용히 살고 싶어 한다거나, 그렇게 사는 사람들도 있다.

그러나 우리 세상은 더불어 살 수밖에 없는 끈끈한 점조직으로 되어 있다.

산속에서 혼자 살고 있다지만, 사회의 물품과 지원이 끊기면 얼마 못 가 죽는다. 식물이 햇빛을 못 보면 고사하는 것처럼 말이다.

사회는 어차피 미운 사람, 좋은 사람 함께 같이 살 수밖에 없는 무대이다. 그 속에서 혹 내가 누구에게 피해를 주는 가해자가 된다거나, 미운 털이 되어 살아갈 수도 있다.

남을 경계하고 미워만 할 것이 아니라. 내가 어떻게 살아가고 있는지 잘 살펴보아야 할 일이다.

마흔여섯번째날 **내 마음 흐르는 곳에**

미묘하고 미세하여 잘 보이지도 않는 마음이여! 끊임없이 쾌락을 좇아 배회하며 헤매고 있나니.
지혜로운 사람은 그 마음을 기특하게 다 잡나니 그 마음이야말로 참 행복을 가져오리라.

〈법구경〉

〈내 마음 나도 몰라〉 김하정이 부른 노래 가사에 이런 게 있다.

내 마음 나도 몰라 휘영청 달 밝은 밤
님을 위해 기다리는 마음 나도 몰라
어인 까닭에 불꽃처럼 불꽃처럼
내 마음 왜 이다지 타오르는 것일까
무르익은 열매같이 얼굴이 붉어지네
터질듯 부풀었네

내 마음을 두고도 알 듯 모를 듯, 왜 이럴까?, 왜 저럴까? 혼란스러울 때가 허다하다. 그래서 마음 닦는 일이 그렇게도 힘들다고들 하는지 모른다. 그렇다면 마음이 무엇이고 어떻게 작용하는지 궁금증이나 풀어보자.

사람의 인체는 오온五蘊으로 구성되었다고 한다. 오온이란 "색色, 수受, 상想, 행行, 식識", 이 다섯 가지 집합체를 말한다. 이것을 둘로 함축하여 명名과 색色으로 나누는데, 색은 몸을 말하며, 수, 상, 행, 식을 합하여 '명'이라고 한다. 또한 명을 '정신精神'이라고도 하고 '마음'이라고 한다.

이 명색名色중 색色은 '물질'임과 동시에 '몸'이라고 한다면, 명名은 몸을 움직이게 하는 마음 작용이라 한다. 그러므로 마음 즉 명이라는 것은 몸을 관장하여 온갖 느낌으로 행동을 유발한다. 이에 따라 쾌락과 욕망, 망상을 일으켜 번뇌와 갈등, 괴로움이 생긴다. 이렇게 몸을 통하여 마음이 일으켜진다는 것을 안다면, '내 마음 나도 몰라?'라는 의문이 다소 풀리리라 생각을 한다.

번뇌와 갈등과 괴로움 모두 마음이 일으킨 허상이다. "어떻게 하면 괴로움 없이 행복하게 살 것인가?"을 고민하지 말고, 내 마음 어디로 흘러가는지 시시각각 잘 살펴보면 그 답을 얻으리라.

마흔일곱번째날 꽃과 같이 향기롭게

모양과 빛깔이 아름다우면서 은은한 향기를 온 누리에 내뿜는 꽃이 있듯,
선행을 아낌없이 베풀어 만인을 기쁘게 하는 사람의 말은 그 메아리가 산천을 울린다.

〈법구경〉

1965년 가수 송영란이 부른 〈호박꽃도 꽃이냐〉라는 노래가 있다. 그리고 1967년에는 가수 남진의 〈마음이 고와야 여자지〉라는 노래가 히트를 쳤다.

꽃이야 지신이 '예쁘다' '밉다'의 평가나 판단이 있겠는가. 그럼에도 사람들은 꽃을 사람들의 모습에 비교한다. 멀쩡한 사람을 두고 꽃에 비유해 호박꽃 같다든가, 장미 같다든가 제멋대로 '밉다' '곱다'라고 말한다는 것은 지나친 간섭이 아닌가 싶다. 사실상 자기도 잘 나지 못했으면서 말이다.

우리가 꽃을 대할 때, '아름답다', '곱다.'하는 판단의 기준이 어디 있겠는가? 사람들의 분별과 차별일 뿐이다. 꽃들의 세계에서는 '추하다', '아름답다.' 할 것도 없는 자연 그대로 무위자재無爲自在 그 자체일 것이다.

가을날 한때 들길을 걷다 보면, 하늘을 향해 청초하게 한들거리는 들꽃을 본다. 그 꽃 한 송이가 너른 들판을 향기롭고 아름답게 장식하고 있다. 그래서 사람들은 그 들꽃처럼 향기롭고 아름답기를 갈망하곤 한다. 그런 연유에서 사람을 꽃에 비유해서, 미모가 아름다운 사람을 두고 "꽃처럼 아름답다 "라고 말하는가 하면, 말없이 자기 일에 충실하고, 마음이 고운 사람을 "꽃처럼 향기롭다"라고 할 것이다.

이렇게 보면, 인간은 꽃보다도 못하다는 말이 될 수도 있다. 꽃이 인간의 모델model이 되기 때문이다. 그래서 인간의 외모나 품격을 보고 함부로 꽃에 비유한다는 것도 어찌 생각하면 바람직하지 않다는 생각이 든다.

이와같이 꽃은 말이 없는데, 몸짓으로 인간과 서로 교감이 있을지 몰라도, 어느 때고 사람이 꽃을 사랑하고 꽃같이 예쁘고, 귀여움을 받으려 한다면, 우선은 사람이 사람다워야만 꽃 같은 아름다움과 향기를 얻을 수 있을 것 같다.

마흔여덟번째날 **오고 가는 시간의 정체**

한순간에 한량없는 겁劫을 널리 관찰하여 보니 가는 것도 없고 오는 것도 없고 또 머무름도 없네, 과거 현재 미래의 모든 일을 이와 같이 알면 모든 방편을 뛰어넘어 곧바로 부처를 이루리라.

〈화엄경〉

어둠이 걷히고 날이 밝으니, 어제는 가고 오늘이 온다. 또 해가 지고 오늘이 지나면 내일이 분명 올 것이다. 이렇게 반복적으로 변화되는 흐름을 '시간時間'이라고 한다.

시간은 보이지도 않고 잡을 수도 없지만 분명 뭔가 흐르고 있다. 뿐만 아니라, 물도 흐르고, 구름도 흐르고, 청춘도 흐르고 있다. 인간은 흐르는 시간 속에 기대어 살아가고 있다. 모든 만물도 흐르는 시간 속에 서로 공유하며 생멸生滅을 하고 있다.

만약 시간이 흐르지 않는다면 생멸이 가능할까? 생멸은 시간 없는 가운데도 이루어진다. 시간은 본래 없기 때문이다. 시간의 정체는, 지구의 공전과 자전의 기준으로 인간이 설정했지 시간은 없는 것이다.

그렇더라도 시간은 공간과 함께 인간의 지각知覺을 가능하게 하는 필연적인 근간根幹이라 할 수 있다.

시간의 반복을 겁劫이라 한다. 겁을 풀이해 보면, 성립되는 기간을 성겁成劫, 머무르는 기간을 주겁住劫, 파괴되어 가는 기간인 괴겁壞劫, 파괴되어 아무것도 없는 상태를 공겁空劫이라고 한다.

이 같은 엄연한 자연의 법칙 속에 모든 만물은 늙고, 병들고, 죽고 또다시 몸을 받아 이 땅에 태어나게 된다. 이 법칙 가운데는 사실 시간이 없는 공空속에 변하는 것이다.

그것은 생멸生滅이다.

세상 존재들이여!

세월이 흘러가는 것을 아쉬워하지 말자.

병들고 늙어가는 것을 서러워하지 말자.

늙고, 병들고, 죽고, 태어남은 사람 마음의 분별이다.

마흔아홉번째날 사랑도 미움도 증오도 찾을 수 없어

부자 간, 형제 간, 부부 간, 친족 간에 항상 서로 사랑하여 질투하거나 증오하지 마라. 안색은 항상 화평하게 하고 서로 멀리 있어도 걱정하는 마음을 가져라. 아버지의 사랑은 무덤까지 이어지고, 어머님의 사랑은 영원까지 이어진다. 그러나 진정한 수행자의 사랑은 그 영원까지 뛰어넘는다.

〈무량수경〉

시대가 변천하면서 삶의 질이 눈부시게 발전하였다. 부족함 없이 너무도 편리하고 편하게 사는 세상이 왔다. 그러나 우리 삶 속에서 꼭 붙잡아야 두어야 할 것들을 상실하고 있다. 첫째는 환경의 오염이고, 두 번째는 인성人性을 잃고 있다.

요즘 환경의 오염은 극도에 달했다. 북극의 빙하가 녹아내리고, 생물들의 개체수가 줄어가고 있다. 게다가 각종 불치병들이 늘어가고 있다. 여기에 가세해서 인간 인성이 무너지고 있으니 참으로 서글픈 일이다.

이제 부자 간, 형제 간, 친족 간 이웃 간에 다정다감했던 옛정을 찾아보기 힘들고, 천륜天倫이란 단어는 이미 잠적한 것 같다. 작은 것 하나라도 나눔과 협력과 서로 이해하고 감싸주는 풍경도 차츰 찾아보기 힘들다.

너와 나의 절친한 관계 속에서 허용되었던 미세한 허물 하나라도, 이제 웃어넘기지 않는 치열한 다툼의 시대 속에 살아가고 있다.

사랑과 자비, 참다운 참의 정서는 가식된 모자이크mosaic로 변질되고 있다. 더욱이 참다운 인성 교육도 AI에 맡겨버린 세상으로 돌변하고 있으니 이제 사람이 해야 할 역할을 어디서 찾아야 할까? 로봇이 해주는 대로 먹고 잠자고 웃고, 슬퍼하는 것조차 로봇에게 부탁해야 할 지경이다.

앞으로 사랑과 미움도 그렇지만, 증오한 사람 어떻게 잠재울 것인가.

쉰번째날 **침묵은 금이다**

함부로 입을 놀리거나 듣기 싫어하는 말을 즐겨 하지 말아라.
말은 몸을 내리치는 도끼요, 몸을 찌르는 날카로운 칼이며, 말은 맹렬한 불길이 되어 결국엔 나를 태우게 되나니 마땅히 알라. 불행한 삶과 재앙은 바로 자신의 그 입으로부터 시작되느니라.

〈아함경〉

우리 말 중에는 "침묵은 금이다"라는 말이 있는가 하면 "절간 댓돌 위에 가지런히 놓인 흰 고무신의 소리가 더 깊다"라는 말도 있다. 이 말들은 헛된 말을 하기 보다 차라리 입을 닫고 침묵을 지키는 것이 훨씬 수승하다는 뜻일 게다.

침묵이라는 말은 의사소통을 단절시킨다는 뜻이 아니라. 이심전심以心傳心이라 하여 눈빛 하나만으로도 충분히 마음을 전달한다는 의미가 담겨 있다.

이 외에도 말에 대한 수식어들을 찾아보면, "말 한마디에 천 냥 빚을 갚는다"라는 말이 있는가 하면, "말 못 하는 귀신은 없다" 하여 온갖 감언이설과 망어妄語, 기어綺語, 언어폭력 등 말에 대한 언구言句들이 다양하게 많다.

말이란 두 얼굴을 하고 있다. 말이란 상대에게 기쁨을 주고 희망을 주는 말이 있는가 하면, 상대에게 아픔을 주거나, 비수가 되어 치명적 상처를 주는 경우도 허다하다. 그러함에도 사람들은 말들을 함부로 한다. 생각 없이 한번 내뱉는 말은 주워 담을 수 없다. 그러다 보니 어느 때나 할 것 없이 "말조심 하라"는 경책이 항상 따라다니고 있다.

그러한 요즘 사회 실상을 참으로 심각한 수준이다. 말을 조심하는 쪽보다, 목소리 큰 사람이 이긴다는 쪽이 우세하다고나 할까 말을 잘 하는 사람이 어디를 가나 우대 받는 세상이 되었다.

하여 미국 정치가인 다니엘 웹스터는 "신이 나에게 단 하나의 능력을 줄 테니 선택하라고 한다면 나는 서슴없이 '스피치 능력'을 선택하겠다"라고도 하였다.

아무리 '침묵은 금이다'라고는 하나 요즘 세상은 할 말 못 하고 살면 불이익을 당하는 경향이 크다. 그래서 말은 잘하고 볼 일이다. 한 마디 말도 잘 못하면 백번 손해 보는 편이 짙다.

그러나 아무리 그렇더라도 말이란, "내 몸을 내리찍는 도끼요, 내 혀를 자르는 날카로운 칼이다"라고 했으니 말조심은 누가 뭐래도 자기 자신이 단속하지 않으면 분명 해가 된다는 사실이 명백하다.

그런데도 지금 우리 사회는 극도로 소란하다. 서로 말싸움에 하루가 조용할 날이 없다. 이를 가만히 들여다보면, 말 잘 하는 사람들은 많으나 쓸모 있는 말을 하는 사람들은 아주 적다.

어찌하겠는가? 이럴 때일수록 침묵에 드는 수밖에.

연꽃 속에 진주

제6부

요즘 세상은 한시도 불안과 공포 속에서 편할 날 없다.
그래서 요즘 세상을 두고
"인간이면서 인간을 두려워하고 무서워하는 세상"이라고들 한다.
서로를 못믿고 살아가는 세상 어떻게 살아야 할까?

쉰한번째날 **자기를 살펴보는 통찰**

다소 덕이 있을지라도 스스로 교만하면
장님이 촛불을 가지고 남의 앞을 비춰줘도 자기는 밝히지 못하는 것과 같다.

〈법구경〉

누구나 자기만의 이미지가 있다.
자기가 자기를 바라보는 자화상이 있다.
자기의 재주, 지식, 외모, 능력, 대인관계 등으로
삶의 재산으로 삼고 보람과 성취감을 만끽하고 산다.
그러나 무엇 하나 부족함 없이 잘 갖추어졌다 하더라도
남들이 바라보는 시선과 평가는 다를 수가 있다.
자기가 생각하는 좋은 이미지들이 혹 과장되거나
거짓으로 포장되어 있을 수 있기 때문이다.

이렇듯, 자기가 자신의 뒷모습을 못 보듯, 자기 결점을 못 보는 수가 많다.
자만 속에서 흥겨워하고 제멋에 겨워 자기 자신을 속여가며 살아가는 경우가 허다하다.
그렇게 자신을 교란시키는 것은
다름 아닌 교만과 아집과 편견이며, 허구와 거짓일 수도 있다.
그 습성은 항상 자기 가슴속에서 떠나지 않고 벌레처럼 꿈틀거리고 있다.
이것이 자기를 못 보는 불찰이고, 망상이고, 인식 착오의 병폐이다.

장님이 촛불을 켜고도 자기 앞을 못 보듯이,

자기가 자기를 모르고 살아간다.

자기 자신을 바로 보는 것은 통찰이다.

진정한 통찰이야말로 올바르게 자아를 성숙시켜 주는 방법이다.

참다운 자기 이미지는 어느 보물보다 값지다.

쉰두번째날 **따뜻한 마음 태양처럼**

자신의 마음을 잘 단속하여 마땅히 달처럼 밝게, 넓게 비추고,
태양처럼 따뜻하게 품으며 처음 부처를 만난 것처럼 수줍어하고 겸손하라.
물을 건널 때나, 가파른 산을 오를 때 조심하듯, 자신을 잘 단속하여 스스로 뽐내지 말라.

〈잡아함경〉

세상 사는데 어려운 일이 두 가지가 있다고 한다. 하나는 돈을 버는 일이요. 또 하나는 돈을 쓰는 일이라고 했다.

그런데 돈을 버는 일보다, 돈을 쓰는 일이 훨씬 어렵다고 한다. 그래서일까. 다들 돈을 버는 즐거움을 알지만, 값지게 쓰는 방법을 모르고 산다. 있는 자가 오히려 가난한 사람보다 인색하기 짝이 없고, 속된 말로 "돈을 버리면 버렸지, 어려운 사람에게 주는 것을 거부한다"라고 한다. 불경에 "부자가 천당에 가는 것은 낙타가 바늘구멍에 들어가기 보다"라는 말이 여기서 나온 말일 것 같다.

최근 인도 최고 갑부 막내아들 결혼식이 있었다. 결혼식 기간이 무려 7개월이었고, 결혼 비용이 자그마치 무려 400억이 들었다고 한다.

결혼식장이 위치한 곳은 인도 뭄바이인데, 주위에는 빈민촌으로 기아들이 수두룩하다. 결혼 축제가 끝난 후 음식 쓰레기가 무려 100톤이나 달했지만, 그곳 기아들은 떡 한 조각 맛보지 못했다고 한다.

이처럼 있는 자일수록 돈을 쓸 줄 모른다는 것을 선명하게 보여주는 예라 할 수 있다.

아직도 지구촌 곳곳에는 소외되어 배고픔과 생활고로 하루하루 힘들게 살아가는 사람들이 수도 없이 많다. 우리 주변에서는 봉사와 자비, 사랑을 외치고 있지만, 거기까지 미치기는 너무 먼 것 같다. 그러나 지나친 사치와 물질 낭비만 줄이면 그들에게 따뜻한 마음을 전해 줄 듯싶다.

달처럼 풍요로움과, 태양처럼 따뜻한 기운을, 욕심 부리다 남은 조각이라도 그들에게 선물해 준다면 얼마나 좋을까 생각해 본다.

쉰세번째날 과거도 현재도 미래도 꿈같은 것

지나간 것을 쫓아가지 말라. 오지 않는 것을 바라지도 말라. 과거는 이미 지나가 버렸고 미래는 아직 오지 않았다. 그리고 지금 현재도 잘 관찰해 보면 순간순간 변해 가고 있다. 그러므로 '지금, 여기'를 살도록 노력하지 않으면 안 된다.

〈중부경전〉*

마음이 세계를 만든다. 마음의 세계는 세 가지가 있다. 과거, 현재, 미래를 말한다.

마음은 부지불식不知不識간 이 세 가지 세계를 넘나들고 있다. 어느 때는 과거에 있다가도 현재로 넘어오고 때로는 미래로 넘어가서 꿈을 펼치기도 한다. 과거로 돌아가 지나간 일을 붙잡고 통곡하거나 괴로워하고 즐거워하기도 한다. 옛 추억에 젖어 애틋하고 감미로운 회상에 젖기도 한다. 그러다가 지금 이 시간 눈코 뜰 새 없는 일에 쫓기고 있다.

그런 다음 꿈같은 황혼의 나라로 간다. 누구도 넘보지 못할 나만의 세계 그곳에 자리를 펴고 눕는다. 그런 순간, 아직 벌어지지 않은 일들에 불안과 걱정 속에 빠져든다. 사업이 잘못될까? 애들이 잘못될까? 혹 말짱한 집이 무너지지 않을까? 이러다가 숨이 막혀 죽지나 않을까? 등등 두려워 잠 못 이루고 있다.

금강경에서 이르기를,

> 과거심불가득 현재심불가득 미래심불가득
>
> 過去心不可得 現在心不可得 未來心不可得

"과거의 마음은 지나갔으니 잡을 수 없고, 미래의 마음은 아직 오지 않았으니 얻을 수 없다"라고 했는데 현재의 마음은 왜 불가득인가? 지금, 이 순간 점하나 찍으려 하니 찰나에 지나가 버리니 과거가 되고 만다.

그러한데도 사람들은 지나 간 과거에 연연하며 과거를 잊지 못하고 슬퍼하거나, 오지 않은 미래를 두고, 걱정한다. 오늘 이 시간 무엇을 그리 바삐 서두르는가. 서두르지 않아도 시간은 빠르게 지나가고 있는 것을 오늘 이 시간이 황금 같은 시간이라고 하지만, 과거 미래 공연히 허비하는 시간, 현재를 지혜롭게 관리 못하고 허망하게 소실하고 있으니, 진정 나를 위한 시간은 어디에서 찾을까.

현재 시간마저 온갖 번뇌와 갈등으로 허무하게 다 허비해 버리고 있다. 그래놓고서 청춘을 아쉬워하며 허둥지둥 북망산천北邙山川을 향하고 있다.

지금 현재! 나를 바라보자.

---

* 중부경전(中部經典): 중부경전을 맛지마 니까야(Majjhima Nikāya, M, MN)이라 하는데, 팔리 경장(Sutta Piṭaka) 5부 중 두 번째 묶음으로, 중간 길이의 경을 모은 것이다. 팔리어맛지마(Majjhima)는 중간이라는 뜻이다.

쉰네번째날 **비천함에서 벗어나는 길**

인간은 결코 그의 신분에 의해서 비천해지거나, 고귀해지지는 않는다.
인간을 비천하고 고귀하게 만드는 것은 결코 신분이 아니라 그 자신의 행위이기 때문이다.
바르게 살라!

〈숫타니파타〉

비천卑賤함이란? 신분이나 지위가 낮고 천함을 말한다. 또 하나는, 행위에 따라 사회적으로 더 이상 도움받을 곳이 없어 그대로 내버려진 상태를 '비천함'이라고도 해석한다.

그러나 붓다는 "비천함이란 거기에 있는 것이 아니라, 행위에 있다"라고 지적하고 있다. 그렇지만, 위 세 가지 해석 중에 두고 볼 때, 첫 번째 신분과 지위에 따라 비천함과 고귀함으로 분류되는 것이 현 사회의 생태와 걸맞다는 것을 부인하기 어렵다.

신분에 의한 비천함은 전근대적 사상이라고 하지만 아직까지 인간 세계에서 사라지지 않고 지속되고 있는 구조물이다. 인도의 카스트[사성계급]* 만 보더라도 그렇고, 우리나라 조선시대 신분 제도만 보더라도 그러하다.

인도의 고질적인 신분제도의 변화는 만델라가 사성계급보다 하위계급인 '불가촉천민' 출신이었지만, 그 엄격한 신분제도의 압박을 뚫고, 평등사상 운동을 하던 중에 노벨평화상을 받아 세상을 놀라게 했다.

이것은 도전과 희생이란 행위로 얻어진 값진 결과라고 보겠다.

---

* 카스트(caste): 영어로 사성(四姓)·계급·혈통·인종 등을 의미하며, 어원은 포르투갈어 카스타(casta: 혈액의 순수성 보존)에서 유래했다. 사성은 베다시대 기원전 1300년 전후에 성립되었는데, 브라만(Brahman: 사제·성직자), 크샤트리아(Kshatriya: 귀족·무사), 바이샤(Vaisya: 상인·농민·지주), 수드라(Sudra: 소작농·청소부·하인)의 네 가지로 분류된다.

비천과 고귀의 분별은 분명 인간관계 속에서 권력을 가진 기득권자들의 권위적 발상에서 만들어진 제도이지, 자연의 본 바탕에는 분별과 차별이란 찾을 수 없다.

그런데도 요즘 첨단 시대에 돌입해서도 고귀와 비천의 갈등은 사라지지 않고 있다. 현 시대는 물질문명이 사람들의 눈을 흐리게 하고 현혹하고 있다. 자기 스스로 가진 게 없다고 해서 자포자기하거나 천하다는 생각에 사로잡혀 살고 있다 하겠다. 물질에 의해 부귀와 비천함을 논한다면 더 이상 말할 가치가 없다.

단, 자기의 행위와 삶의 방식, 생각에 따라 스스로 부귀와 비천을 만든다는 것을 명심해야 한다. 어떤 경우라도 당당하게 떳떳하게 청렴하게 산다면 그것이 바로 '고귀하다'라고 하겠다.

쉰다섯번째날 **느낌 하나로 사는 인생**

음욕은 불보다 뜨겁다.
음욕보다 뜨거운 불이 없고, 성냄보다 빠른 바람이 없고,
무명보다 빽빽한 그물이 없으며, 애정의 흐름은 거센 물보다 빠르다.

〈법구경〉

사람의 신체는 느낌에 의지해서 산다. 신체의 느낌으로 모든 사물을 분별하고 차별을 한다. 신체의 느낌은 지고한 삶을 창조한다.

창조는 느낌을 바탕으로 경험이 쌓이고, 그 경험은 생의 활로를 열어준다. 모든 사실들은 느낌에 의한 경험에 의해 지각을 하고 분별을 한다. 느낌이 없다면 이룰 수 있는 것이 단 한 가지도 없다.

심지어 느낌이라는 것은 식물에도 곤충에게도, 하늘을 나는 새에게도 똑같은 기능을 가지고 서로 교감한다. 어떤 생명체든 느낌이 없는 순간 돌멩이나 썩은 나뭇가지가 된다.

느낌은 사람들에게 음욕과, 성냄과, 애착과 탐욕으로 유도한다. 이러한 느낌은 인간의 본성이고, 필수불가결(必須不可缺 prerequisite essential)한 성품이지만, 적절하게 잘 다스리지 못하거나 통제하지 못하면 혼란을 일으켜, 자기 본성을 잃거나 생의 후환을 남기게 된다.

깨어 있거나, 무의식중에 있거나, 고요하게 흐르는 느낌을 바라보지 못하면, 인지하지 못하게 되고 고스란히 망상과 번뇌의 먹이가 된다. 이것을 '무명無明속에 산다'라고 한다.

촘촘한 무명의 그물에 얽어, 오도 가지 못하는 절망 속에서 벗어나는 길은 걷잡을 수 없는 욕망의 느낌을 잘 다스리는 길이다. 이제 더 이상 음욕과 성냄, 애정의 유혹을 그대로 두지 말고, 잘 다스려 마음의 평화를 찾아보자.

쉰여섯번째날 **홀로 자유로운 세상을 꿈꾸다**

서로 만남에 있어 비방을 삼가고, 해치지 않고, 계행의 덕목을 지켜야 한다.
식사할 때는 알맞은 분량을 섭취하며, 홀로 떨어져 있거나 앉거나 눕고,
보다 깊은 상념想念에 들 때는 바른 진리에 전념해야 하느니, 이것이 깨달음으로 가는 길임을 알아야 한다.

〈수타니파타〉

세상을 자유롭고 평화롭게 사는 것보다 더 이상 중요한 것이 어디 있으리오. 누구나 구속과 간섭을 떠나 먹고, 입고, 자고, 말하고, 걸림 없이 살기를 원한다. 넓은 초원에서 마음껏 뛰어다니는 사슴처럼 말이다.

그러나 우리 사회는 그물망처럼 엮어진 감시 카메라의 눈을 한 발짝도 피해 살 수 없는 세상이 되어 버렸다. 그만큼 서로가 서로를 경계하고 노리는 범법자가 된 샘이다.

그중 나는 아니라고 결백을 주장하겠지만, 그 주장은 너나 나나 똑같은 생각이다. 그렇다면 쓸모없는 감시 카메라들을 지금 모두 철거해야 한다. 그러고도 결백하다고 주장한다면, 감시 카메라가 없는 곳에 살아야 하고, 사람이 없는 외진 곳에서 혼자 살아야 마땅하다.

하기야 주위에 간섭이 없고, 해침을 당하지 않고 살 수 있는 공간은 얼마든지 있다. 그러나 사회와 동떨어진 생활권이 아니라면, 감시 카메라를 비롯하여 나를 바라보는 수많은 시선들을 사랑의 눈으로 생각하여야 한다.

"인간은 사랑을 먹고 산다"라고 했다. 인간은 사랑이 결핍되면 시들어 말라 죽고 만다. 미움도 사랑도 등지고 산다는 것은 온실 안에 조화造花를 기르는 것과 다를 바 없다.

황벽黃檗, ?~850, 唐代 선사는 이렇게 노래했다.

진로형탈사비상　逈脫塵勞事非常
긴파승두주일장　緊把繩頭做一場
불시일번한철골　不是一番寒徹骨
쟁득매화박비향　爭得梅花撲鼻香

세속에서 하던 일 벗어나기란 예삿일이 아니니, 밧줄 단단히 잡고 한바탕 힘쓸지어다. 한 번 매서운 추위가 뼛속에 사무치지 아니하면 어찌 코를 찌르는 매화 향기를 얻을 수 있으리오.

인간은 사회적 동물이라 했듯, 인간 생활권과 동떨어진 곳에 혼자서 잠깐 머물러 있을 수 있지만, 얼마 되지 않아 스스로 답답한 문을 박차고 인간 세상으로 뛰어나오기 마련이다.

그러면서 독특한 사람처럼 무모하게 고집부린다는 것은 어리석은 일이다. 산다는 것은 서로 피부를 맞대고 어울리며 사는 데에 아름다움이 있다. 그대가 내 곁에 있어 슬픔도 있고, 기쁨도 있다. 아무리 혼자 앉아 고상한 생각과 품위 있는 삶을 누린다 할지언정 누가 들어주는 사람 없고, 보여줄 사람이 없다면 무주공산無主空山일 수밖에 없다.

이 세상은 어느 한 사람만이 잘 살고 못 사는 세상이 아니라, 만물이 함께 더불어 살아가는 큰 마당이다. 함께 웃고, 함께 울고, 함께 생각하며, 거친 인생길을 함께 가는 것이다. 그러므로 삶은 아름답고 살만한 인생 여정이다.

쉰일곱번째날 **입조심 말조심**

침묵하는 사람은 비난받는다. 말 많은 사람도 비난받는다.
말을 아껴도 비난받는다. 삼계에 비난받지 않는 존재는 없다!

〈법구경〉

모든 생명은 자기들만 소통의 수단을 가지고 있다. 그중에 언어가 제일 유일한 소통의 수단일 것이다.

인간은 어린애가 엄마 뱃속에서 나와 처음 세상을 만나는 난 그때부터 언어는 시작된다. 처음 태어나 "엄마 젖 줘"라는 말을 못 한다. "응에~" 하며 울음으로 자기 표현을 한다. 숲속에 다람쥐도 그렇고, 하늘을 나는 새들도 그렇다. 밤새 섬돌 밑에서 울어대는 귀뚜라미 울음소리 또한 그러하다. 우리는 그들의 언어를 운다고 하지만, 갓 태어난 어린애 울음과 무엇이 다르랴.

그런데 인간의 언어는 독특하다. 우리 생활 속에 언어를 경계하는 숙어들이 다양하다. 그중 언중유골言中有骨이라고 하여 "말에 뼈가 있다"라든가. 어불성설語不成說이라 하여 '말 답지 않은 말'을 지적하고, 일언중천금一言重千金, "말 한마디가 천금같이 무겁다"라는 등의 말들이 무성하다. 또한 격언 중에는 "거짓말이 외삼촌보다 낫다"라는 말도 있다.

이렇게 내가 내뱉는 말 한마디가 값진 보석이 될 수 있지만, 남을 헤칠 수 있는 도끼도 될 수도 있으니 조심하라는 뜻일 게다. 이처럼 말이란 상호 간 소통에 있어 대단히 중요하다. 그렇다고 침묵을 강조해서도 안 될 일이다.

그렇지만 말을 많이 해서 의사 전달을 한다는 것도 문제가 있다. 옛말에 "말 많은 집에 장맛도 쓰다"라는 말이 있다. 잔소리나 논쟁이 많은 집안에서는 좋은 일이 생기기 어렵다는 의미이다. 말을 하되 과묵침장寡默沈莊 "말이 적고 침착하게 신중하게 하라"라고 경책을 하는 것 같다. 우리가 살아가면서 "입조심 하라"는 말도 그 이유에서일 것이다.

아무래도 남의 눈에 가시가 되고, 미운털 박히지 않으려면, 입조심하는 것이 상책일 것 같다.

쉰여덟번째날 **인욕의 참맛을 알아야**

코끼리가 전쟁터에 나아가면 활에서 화살이 쏟아져도 참아내듯, 나는 근거 없는 비난을 참아 내리라,
사람들은 대부분 계행을 지키지 못하니 이 또한 내가 참아낼 뿐이다.

〈법구경〉

참는다는 것을 인욕忍辱이라 한다. 인욕의 사전적 의미는 "온갖 욕됨과 번뇌를 참고 원한을 일으키지 않는 일"이라고 했다.

더 나아가서 "다른 사람의 고통을 함께 기꺼이 받는다."라는 적극적인 의미도 있다. 또 하나는 "인욕을 실천하면서, 모든 외설猥褻에 동요됨이 없이 사물의 본성이 평등무이平等無二함을 깨달아 결국에는 해탈에 이른다"라고도 했다.

신라의 고승 원효元曉는 "인욕은 타에게 괴로움을 당하더라도 마땅히 참고, 마음속에 앙갚음이나 원망하는 생각을 담아두지 않는 것"이라고 했다. 또한 인욕에는 세 가지 의미를 담고 있다.

하나는, 내원해인耐怨害忍이라 해서, 원수나 적의 해침을 받고도 복수할 마음을 내지 않는 것이고, 그다음은, 안수고인安受苦忍이라 해서, 질병이나 수재·화재·폭력의 고통을 달게 받는다는 뜻이며, 세 번째는, 제찰법인諦察法印, 진리를 자세히 관찰하여 불생불멸不生不滅의 경지에 이르는 길이라고 했다.

사람과 사람 관계 속에는 서로 좋은 일만 있겠냐마는, 어느 때든, 어느 자리건, 시시각각 시기 질투, 다툼 모략, 서로 간 이간질 등 갖가지 부정적 감정들이 도사리고 있다.

그러다가 서로 의견이 엇갈리면 분노와 극렬한 싸움으로 번진다. 이런 감정들이 짙어지면 결국 자신의 본성을 허물어트리고 치명적 손상을 입게 된다. 때문에 나를 모해하는 어떤 외부적 공격이 있더라도 참고 또 참아내는 것이 군자의 도리라는 게 모든 성인들의 말씀이다.

그렇다고 무작정 참기만 한다는 것도 문제가 있다. 요즘 시대에 참아서 될 일이 한두 가지이겠는가. 그저 멍청하게 바라만 볼 것이 아니라. 지혜롭게 나의 목소리, 나의 행동을 보여주며 살아가는 것도 소중한 나의 인생을 위해 지혜롭다 해야 할 것 같다.

쉰아홉번째날 **내 마음을 다스리려면**

중생은 언제나 대상과 함께 하고 대상과 하나로 어울리느니라.
선한 마음을 가지면 대상을 선하게 보고 비열한 마음을 가지면 대상을 나쁘게 보게 되느니라.

〈잡아함경〉

우리 인간 구조와 기능을 살펴보면, 눈[眼根], 귀[耳根], 코[鼻根], 혀[舌根], 몸[身根], 마음[意根] 등 6개의 감각기관을 가지고 있다. 이를 일러 '육근六根'이라고 한다. 이 육근이 사람 모습을 하고 사람 역할을 한다.

그러나 대상對象이 없고서는 무용지물이다. 여기서 대상이란, 빛깔과 형태[色境], 소리[聲境], 냄새[香境], 맛[味境], 닿을 수 있는 것[觸境], 생각[法境]의 여섯 가지 '육경六境'을 대상이라 한다. 육근六根과 육경六境의 두 기능을 합쳐 '십이처12處'*라고 한다. 십이처는 또 의식세계 즉 십팔계十八界**를 형성한다.

이 십팔계는 중생을 대상으로 하며, 인간의 몸을 구성하는 색온色蘊과 정신요소인 사온四蘊: 수(受)·상(想)·행(行)·식(識)을 합쳐 오온(五蘊)이라 부르다. 이 오온을 주축으로 이루고 있는 6근이 6경을 만나 비로소 사람의 인식역할을 한다는 해석이다.

이렇게 내 몸의 구조와 기능을 분명하게 알아야만 내 마음을 바르게 다스릴 수 있고, 올바른 진리를 터득할 수 있다는 것이 분명해진다. 대단히 중요한 발견이다.

---

* 십이처(12處): 마음[心]과 마음작용[心所]을 생장(生長: 생겨나고 증대됨)시키는 문(門, dvāra)이라는 뜻을 가지며. 6내처(六內處/六根): 안처(眼處)·이처(耳處)·비처(鼻處)·설처(舌處)·신처(身處)·의처(意處)와 6외처(六外處/六境): 색처(色處)·성처(聲處)·향처(香處)·미처(味處)·촉처(觸處)·법처(法處) 총 12가지 처(處)로 분류 분석하는 법체계.

** 십팔계: 안식계(眼識界), 이식계(耳識界), 비식계(鼻識界), 설식계(舌識界), 신식계(身識界), 의식계(意識界)]

그리고 우리 몸인 6근은 6경을 만나 우주만유 세계를 만들어 낸다는 위대한 사실을 증명하고 있다. 이와 같은 현상을 종합해 볼 때, 내 몸이 내 몸 바깥 대상을 보고 분별에 의하여 선과 악, 좋다 나쁘다 등 온갖 느낌과 행위를 일으키게 된다. 이를 '마음 작용'이라고 한다.

다시 말해서 일체 모든 것은 마음이 지어낸 일체유심조一切唯心造라고 단언하고 있다. 이렇게 내 마음의 작용을 명확히 이해 했다면, 혼란스러운 내 마음을 어떻게 다스려야 하는지, 답을 얻기가 쉬워지리라 생각을 한다.

예순번째날 나의 보물창고에 무엇을 담을 것인가

사악한 통치자와 도둑들이 사람의 재물을 강탈해가더라도 사람이 지은 몫은 빼앗을 수 없다.
선업으로 지은 고귀한 과보의 보물창고는 결코 털리지 않는다.

〈잡아함경〉

'사람이 살아생전 어떻게 사는 것이 잘 사는 것일까?'라는 생각은 누구나 한 번쯤 가져보는 의문이며 화두話頭다. 그저 동물처럼 살자는 것이 아니고, 또는 밥만 배부르게 먹고 단순하게 살자는 것 또한 아니다. 뭔가 새롭게, 오늘보다 나은 내일을 갈망하고 살자 하니 많은 생각이 교차되고, 자기만의 긴밀한 설계가 필요하다는 것일 게다.

가진 것이 넘치고, 권세가 높아 자기 욕구를 마음대로 휘두르고 산다고 해서 욕구가 충족되는 것도 아니요, 그저 있는 그대로 순박하게 살자는 것도 아닐 것이다.

그렇다고 어떻게 살아야 한다고 정답을 내리기란 어렵지만, 한 가지 분명한 것은 "짐승만도 못하다" "돈벌레" "파렴치한 놈" "자기밖에 모르는 놈" 등 인간의 본성을 잃고 사는 것에 동의할 수는 없다. 그보다 어떠한 환경 속에서도 참신하게 선하게, 바르게 살아가는 모습을 두고 "인생 참 잘 산다"라는 말을 듣기 원할 것이다.

여기에는 무심코 넘어서는 안 될 선악이라는 경계선이 있다. 선인선과 악인악과善因善果 惡因惡果 "선한 일을 하면 선한 열매가 생기고, 악한 짓을 하면 악한 열매를 맺는다"라는 행동 규범이다. 또 권선징악勸善懲惡이라하여, "선함을 권하고 악함을 징계한다"라는 가드라인guardline도 있다.

그러한 가운데 지구촌 구석구석 넘지 말아야 할 가드라인을 넘어 악을 행하는 무리들이 활개를 치고 있다. 그러니 선하게 평온하게 살려고 하나, 한시도 불안과 공포 속에서 편할 날 없다는 것이 현실이다.

그래서 요즘 세상을 두고 말하기를, "인간이면서 인간을 두려워하고 무서워하는 세상"이라고들 한다. 사회 곳곳 안전지대가 없는 가운데 악당에게 불시에 습격을 당하고, 잘못도 없는데도 억울하게 죄를 뒤집어쓰는 경우도 허다하다. "어떻게 하면 한 치 앞도 내다보지 못하는 악마의 공포에서 벗어나 편안하게 살아갈 것일까?"라는 긴장 속에 대책 없이 살고 있다.

아무리 그렇더라도 내가 참스럽게 살아간다면 결코 그 선업은 그대로 남아 털리지 않은 '과보의 보물창고'에 고스란히 남아 생의 가치를 느낄 것이다.

연꽃 속에 진주

제7부

그러나 날이면 날마다
번뇌와 근심 걱정이 떠날 날이 없는가.

그렇기에 하나님을 찾고,
관세음보살을 찾고,
신기루 같은 천당 극락을
그리워하는지 모른다.

날마다 근심 걱정이 없이
즐거운 날만 계속된다면
누가 천당과 극락을 찾겠는가.

예순한번째날 **감정을 잘 다스리는 일**

수행하는 사람은 수많은 세월 동안 욕을 먹어도 성내지 않으며,
또 수많은 세월 동안 칭찬을 들어도 기뻐하지 않는다.
사람의 말이란 잠깐 일어났다가 없어지는 데 불과하여 꿈같고 메아리와 같은 것이다.

〈대지도론〉*

스스로 공격하거나 방어할 수 없는 미물인 지렁이도 "밟으면 꿈틀거린다"라고 했고, "칭찬은 고래도 춤추게 한다"라는 말도 있다. 감정의 소치이다. 미물이나 동물, 사람할 것 없이 생명을 가진 모든 존재들은 모두 다 자기 몸을 보호하려는 본능을 가지고 있다.

더욱이 사람을 일러 '감정의 동물'이라고 했다. 그래서일까. 시도 때도 없이 많은 고민과 걱정을 달고 산다. 하루에 팔만사천 가지 번뇌 속에서 산다고들 한다.

그러한 번뇌 속에 눈만 뜨면 시시각각 별별 사건들이 끊임없이 벌어지고 있다. 이를 일러 "고해苦海의 바다"라고 이른다. 그 가운데 무성하게 전개되는 희로애락喜怒哀樂을 어떻게 하면 조화롭게 잘 대처하며 살아야 하나? 하는 것도 요즘 시대의 화두話頭로 떠오르고 있다.

그래서 공자가 설하기를 "욕을 먹어도 무턱대고 성내지 말며, 칭찬을 들어도 그러려니 하고 기뻐하지 마라"라 했는데 무슨 뜻일까? 이 말은 "이래도 흥, 저래도 흥" 하며 줏대 없이 살라는 것이 아니라,

어떤 경우라도 소신을 잃지 말고, 당당하게 현명하게 잘 대처하는 것이 군자라고 했던 것 같다. 현자는 실없이 욕먹을 짓을 하는 것도 현명하지 못하겠지만, 오해나 이유 없이 욕을 먹고 그대로 넘어가는 것도 바람직하지 못한 일일 것이다. 왜냐면 옳고 그름을 분명하게 하는 것이 정의를 세우는 일이고, 타자에게 바른길로 인도하는 길이 되기 때문이다.

한편 수행자의 행동 방식은, 모든 경계를 떠나 올곧게 살아가는 것을 주장하지만, 수행자에게도 눈물과 기쁨과 감정이 있는 한, 감정까지 감춰가면서 고고한 척 살아간다는 것은 가식에 불과하다. 또한 어리석다 하겠다.

오로지 군자는 보고 느낀 대로 서슴없이 표현하고 오직 도에 벗어나지 않은 행동을 한다면 이것이 수행자의 진면목이라 하겠다.

* 대지도론(大智度論): 인도 고승인 용수가 저술한 『대품반야경』의 주석서. 흔히 『대론(大論)』『석론(釋論)』 등으로 약칭된다.

예순두번째날 **마음의 배 안에 무엇을 담아야 하나**

이 배 안에 물을 퍼내라. 물을 퍼내면 그대는 가볍게 나갈 것이다.
탐욕과 성냄도 이렇게 끊어버리면, 그대는 그대로가 열반이다.

〈법구경〉

이것이 없어 못 살겠네, 저것이 없어서 못 살겠네, 이것이 부족해서, 저것이 부족해서 이래저래 못 살겠다는 푸념들이 무성하게 쏟아져 나온다. 뭐가 그렇게 불만이고 무엇이 그렇게도 마음에 차지 않는지 모든 것이 불만이고 이것저것 하소연들이 많다.

30평 아파트에 살다가 50평 아파트에 이사하고서도 좁다고 난리고, 끼니때마다 반찬 타령이고, 휴일이 그렇게도 많은데도 쉴 시간이 없어 고달프다고 하고, 월급이 5백만 원이 넘는데도 월급을 인상하라고 떼를 쓴다

요즘 뭐하나 부족함이 없이 질 좋은 물품들이 넘치는 세상이다. 그런데도 더 좋은 것, 더 큰 것, 더 많은 것, 쉴 새 없이 찾아다니고 있다. 지금 사용하고 있는 물품들이 어느 것 하나 손색이 없는데도 유행이 지났다고, 싫증 난다고 해서 가전제품, 생활용품, 멀쩡한 옷가지들이 마구잡이 길바닥에 산더미처럼 나 뒹글고 있다.

이렇듯 욕망이 끝이 없고, 욕망 따라 변하는 성향은 천정부지 솟구치고 있다.만족을 모른다. 그러면서도 주머니에 돈이 들어오기가 무섭게 쓰기 바쁘다.

저축이란 말은 옛말이 되었다. 그러면서 항상 괴롭고 빈곤하다. 어떤 방법으로도 해일海溢 같은 거센 욕구를 막을 수 없을 것 같다.

하여 붓다는 마음속의 물과 같이 차오르는 탐욕을 퍼내라고 하였다. 그리하여 마음의 배 안에 신선하고 맑은 물이 고이도록 하라고 일렀다. 마음의 편안함과 가벼움을 얻으라고 했다.

마음 안에 탐욕이 가득하고서는 죽는 그 날까지 괴로움의 고통이 멈추지 않았다고 했다.

예순세번째날 **이 생에 닦아야 할 과제**

머리가 희다고 해서 그가 장로는 아니다. 단지 나이가 들었으나 헛되이 늙은 자라고 불린다.
진리 그리고 원리와 불살생과 제어와 수련을 갖추고 티끌을 떨쳐낸 현명한 수행자 그를 장로라고 부른다.

〈법구경〉

장로(長老, An elder)의 뜻은, "덕이 높은 연장자 비구"를 가리키는 불교 용어로, '상좌·대덕·수좌·존자·구수·실체나·타비라'라고 일컫고, 구족계를 수지하고 도과度科를 증득하여 자리이타행自利利他行을 갖춘 연장자인 수행자를 '장로'라고 부른다.

또한 장로라는 명칭은 기독교에서도 쓴다. "목사를 도와 교회 운영에 참여하는 평신도 중 최고의 직급"이라고 하고 있다.

아무튼 장로는 여러 신도들에게 귀감이 되고, 신행에 있어도 훌륭한 자라고 보아야 할 것 같다.

그러나 장로가 아니더라도 어떤 직책에 무관하게 열심히 수행을 하고, 계행을 잘 지켜 나아가는 수행자라면 장로라 할 수 있고, 보살이라 불러도 마땅하다.

장로와 보살은 동일한 의미를 지니고 있다. 보살 수행이라는 것도 자기 성취를 위한 목적이 있다. 모름지기 대자대비大慈大悲정신을 빼놓을 수 없기 때문이다.

하여 이생에 불법을 만난 것만 하더라도 얼마나 큰 공덕인데, 불자로 살고 있는 한, 보살행을 잘 닦아 참 나를 찾고, 또한 성불成佛이라고 하는 큰 대의를 이루는 것이 무엇보다 큰 과제라 할 수 있을 것 같다.

성불의 길은 불자 누구나 꿈꾸는 목표이며, 과제이다. 그리고 너 나 할 것 없이 인간으로 태어난 이상, 천 만겁 동한 이루지 못한 뜻을 현생에 기필코 이루어야 한다는 발원을 가져야 한다.

무엇을 두렵다 하는가. 무엇이 어렵다고 하겠는가. 지금 내가 살아가고 있는
이 자리에서 보살행*을 실천하여 보살이 되면 그만인 것을.

* 보살행(菩薩行): 부처 되기를 목적으로 하고 수행하는 자리(自利) • 이타(利他)가 원만한 대행(大行). 곧 육바라밀(六波羅蜜) 등의 행업(行業).

예순네번째날 **가식의 세계에서 살고 있다**

보라!
이 화려한 세상을 그럴싸하게 장식된 왕의 마차 같아서 어리석은 자들은 거기 끌려가지만,
현자는 눈 밝아 어떤 꼬임이 있더라도 조금도 돌아보지 않는다.

〈법구경〉

가식과 가짜, 조작은 우리들의 생활 속에 너무 능숙해져 있다. 우리 사회를 조작된 사회라고 한다. 그럴싸하게 장식된 왕의 마차처럼 그렇게 만들어진 조작된 세계라는 것이다. 가식假飾이란, 사전적 의미로 살펴보면, "자기 자신을 꾸미는 것"이다. 또 하나는 "내가 하는 말이나 행동이 진실이 아닌 거짓으로 꾸며지는 것"이라고 한다.

우리가 의사를 전달하는 말이나 행동들은 진실로 말을 하는 것이 있다면, 어느 때는 진실을 떠나 본질이 흐려지고 변질이 되는 경우가 있다. 게다가 자신도 모르게 거짓에 휘말려 거짓과 가식에 젖는 경우도 허다하다. 그것을 보고, "내 정신이 아니고, 남의 정신에 산다"라고 한다.

이것은 내가 내 마음을 다스리지 못하고, 주관 없이 끌려다니는 어설픔을 빗댄 말일 게다. 어떤 특정인을 두고 하는 말보다, 주관이 흐려진 세상 풍속을 비판하는 말이기도 하다. 어디 그뿐인가. 어떤 단체 군중 몰이나, 거짓된 루머나 통신매체를 통한 전략적 꽤임이 정신을 혼란하게 한다. 그러다 보니 자신도 모르게 자칫 정신을 잃는 수가 있다. 이 중에는 일종의 세뇌교육으로 정신을 강도질해 가는 경우도 허다하다.

대표적인 예로 기원전 146년경 고대 로마에서 실행되었던 스파르타교육을 들 수 있다. 그 당시 세뇌교육은 존엄한 인간들을 권력집단의 시녀로 내몰았던 악명 높았던 교육이었다. 그러한 형태의 교육이 아닐지라도 현재 지구촌에는 세뇌교육에 버금가는 전략으로 진실을 은폐한 거짓 행위와 조작 행위가 난무하고 있다. 강압에 의해서 어쩔 수 없이 따라야 하는 상황이라면 몰라도, 멀쩡한 정신을 가지고 이에 속아 판단력을 잃고 자기 주체성과 자존심을 일시에 빼앗겨버리는 경우는 참으로 안타깝기 짝이 없다.

얼마 전, 〈조작된 도시〉라는 드라마가 시청자들의 눈길을 끌었는데, 조작된 언어, 조작된 행동, 조작된 구조물, 조작된 사회가 현실 속에 그대로 나타나고 있다는 게 가슴 섬뜩한 일이다.

예순다섯번째날 그러려니 하며 사는 세상

늘 사랑하는 마음으로 화내지 않고 항상 가여운 마음을 내서
평등한 마음으로 증오함을 없애면 머지않아 삼매를 얻으리라.

〈반주삼매경〉*

우리 얼굴에는 두 가지 표정이 있다. 웃는 얼굴과 화난 얼굴이다. 이 두 가지 표정만으로도 그 사람의 인격과 그 사람을 마음을 충분히 헤아릴 수 있다고 했다.

"일소일소一笑一少 일로일로一怒一老"라는 말이 있다. 웃음과 분노가 우리 신체에 많은 영향을 끼친다는 이야기이다. 그래 자기 마음을 웃음으로 잘 다스리게 되면 건강에도 좋고 하는 일마다 잘 된다.

나날이 즐겁고 행복한 날이 된다. 따뜻한 햇볕이 두꺼운 얼음을 녹인다. "아무리 화가 나더라도 온화한 마음을 갖게 되면 화는 눈 녹듯이 사라진다"라고 했으며, "환하게 웃는 얼굴에 침을 뱉지 못한다"라는 말도 있다. 웃음에는 사람의 마음을 움직일 수 있는 강력한 힘이 있다.

누구나 "내가 사는 세상이 날마다 웃음만 가득한 세상이었으면 얼마나 좋을까"라는 바람을 가지고 산다. 그런데 정작 자기만은 거기에 부응하지 못하고, 날마다 찡그린 얼굴이다. 그리고 하는 일마다 불평을 한다. 이래서야 되겠는가. 진정 웃음이 가득한 세상을 꿈꾼다면, 어떤 경우라도 웃음을 잃지 말아야 할 것 같다. 날마다 슬픈 얼굴로 절에 가서 천날 만날 불공을 해본들 복이 들어오겠는가.

진실로 웃음을 잃지 않고 밝게 사는 사람들은 모두가 잘 살고, 행복하다.

* 반주삼매경(般舟三昧經): 부처가 발타화보살의 요청에 따라 반주삼매의 법문(法文)을 해설한 경전.

『보왕삼매론』에 이런 말이 있다.

세상일에 곤란함이 없기를 바라지 마라.
세상살이에 곤란이 없으면
업신여기는 마음과 사치한 마음이 생기나니
근심과 곤란으로써 명약을 삼아라.

라고 했다. 세상 산다는 것이 쉬운 일만은 아니지만, 쉽게 살려고 하면 그만큼 마장이 낀다. 힘들고 어려운 일을 즐거이 하다 보면 분명 그 결과는 보배로울 것이다.

예순여섯번째날 **지구의 종말이 온다면**

장마철은 여기서 나고 여름엔 저기서, 겨울엔 따뜻한 곳으로 어리석은 자 온갖 계획 끝이 없지만 어김없이 닥쳐올 자신의 죽음에 대해선 정작 아무런 생각이 없다네…

〈법구경〉

일상日常이란, 날마다 반복되는 생활상을 말한다. 반복되는 일상생활 속에서 우리는 희로애락 다채로운 사건들을 맞이하고, 보내고, 돌아서고 또 잊으며 살고 있다.

그런 일상 가운데 기본적으로 갖추어야 할, 중요한 것은 의식주衣食住이다. 의식주는 숨 쉬고 살아있는 동안 편리하게, 행복하게 잘 살 수 있게 하는 공기와 같은 '필수불가결'한 요소이다.

예전에 우리나라도 의식주가 극도로 열악했던 시대가 있었다. 하지만 지금은 먹는 것, 입는 것, 편안하게 몸을 의지할 수 있는 집이 단순히 먹고, 입고, 자고를 떠나, 품위와 자존을 높여주는 도구와 공간으로 변화되었다.

또한 IT 산업에 돌입하면서 가치 기준이 의식주에 머무르지 않고 인간성을 초월한 AI 과학기술 시대로 돌입하고 있다. 세상이 이렇게 급속도로 변해 가고 있는 것은 현대인들의 욕망이 끝없이 높아가고 질주하고 있다는 증거일 것이다.

발전과 향상을 누가 거부하겠느냐. 그러나 그 부작용에 대해서는 우려나 대책은 무방비 상태이다. 그 첫째 잃어가고 있는 것은 '인성人性'이다. 다음으로 사람과 사람을 원활하게 연결해 주는 '정情'일 게다.

그다음으로는 '환경環境'이다. 풍요와 편리 속에 죽어가는 무수한 생명들과 파괴되고 있는 자연환경이 문제이다.

대책이 없는 가운데 발전 지향을 외치고 있다. 그저 줄기차게 치닫고 있는 산업 물결에 지구가 몸살을 하고 있다. 이런 가운데 '지구의 종말'이라는 말이 현실로 다가오고 있다. 지구 종말의 첫째로 꼽는 것은 환경오염이다. 두 번째는 화산 폭발이요, 세 번째는 전쟁으로 인한 종말이다.

지구 종말이 오기 전에 벌써 지구를 떠나야 한다고 난리들이다. 그러나 어디로 갈 것인가? 뛰어봐야 벼룩이다. 이제 어리석은 발상은 여기서 멈추었으면 한다.

예순일곱번째날 고통을 즐거움처럼 즐기고 살 수 있다면

기쁘게 살자. 번민하는 무리 속에서도 번뇌에서 벗어나 살자.
비록 번민 많은 사람들 가운데서도 번뇌를 말끔히 씻어 내면 그 자리가 열반락涅槃樂* 이니라.

〈법구경〉

오늘도 밝은 태양은 떠오르고 있다. 오늘만큼은 괴로움에서 벗어나 즐겁고 기쁘게 살자. 오늘뿐만 아니라, 내일도 모래도 변함없이 그런 날이 되기를 모두 기원한다.

그렇지만 왜 이렇게 날이면 날마다 번뇌와 근심 걱정이 떠날 날이 없는가. 그렇기에 하나님을 찾고, 관세음보살을 찾고, 신기루 같은 천당 극락을 그리워하는지 모른다. 날마다 근심 걱정이 없이 즐거운 날만 계속된다면 누가 천당과 극락을 찾겠는가.

그러나 아무리 그렇다 한들 번뇌, 망상, 괴로움이 없어지고, 손 하나 까딱 않고 살 수 있는 세상이란 결코 없다. '고진감래苦盡甘來'라는 말이 있지 아니한가. "눈물 젖은 빵을 먹어보지 않고는 진정한 삶의 가치를 모른다"라는 말도 있다.

그래서 모진 고난이 있기에 즐거움이 빛난다. 고苦라는 것은 유별하게 인자因子가 강하다. 락樂이 그런 악의 인자 속에 묻히다 보면 락의 진면목을 볼 수 없다. 그러나 구름 걷히고 푸른 하늘이 나타나듯 언젠가는 화창한 락의 모습이 드러난다.

---

* 열반락(涅槃樂)을 싼스크리트어로 '파라미따(Pāramitā)'라고 하며, '도피안(到彼岸)'이라고도 한다. 이는 생사고해(生死苦海)의 바다를 건너서 열반(涅槃)의 이상세계에 도달한다는 뜻.

인생을 고苦라고 했던 것도 구름 낀 일면만 보고 말한 것뿐이다. 이와 같이 고통의 과정을 잘 겪고 난 사람들은 분명 강하게 잘 산다. 그리고 희망차다. 모진 고통을 이겨낸 자신감에 언제나 당당하다.

고진감래의 진수를 바로 알고, 괴로움의 원인과 괴로움에서 벗어나 대 자유를 얻는 비법을 안다면 고통과 괴로움을 두려워할 일은 없다.

괴로움도, 즐거움도 우리 생활에 늘 부딪히고 있는 일, 목욕탕에서 온탕과 냉탕을 넘나들듯 마음 넉넉하게 잘 살피며 살아간다면 극락이나 천당을 그리워하지 않아도 될 것 같다.

예순여덟번째날 **나를 돌아보는 순간**

비록 작은 돌이라도 배에 싣지 않으면 물속에 잠겨버리고,
수백 수레 양의 바위라도 배에 실으면 물 위에 뜨듯 착한 행위는 이 배와 같다.

〈미란타왕문경〉*

어쩌면 이렇게도 세상이 살기 힘들고 각박할까? 요즘 들어 사람들의 탄식이 더욱 심해진 것 같다. 예전에 비해 무엇을 비교해도 살기 좋아지고 풍족한데 어떻게 된 일인지 모두 힘들고 빈곤에 찌들어 사는 모습들이다.

이웃 간에도 서로 문 닫고 살고, 개인주의에다 말 한마디 잘못 건넸다간, 모욕을 당할 판이니 긴장 속에 조심조심 살아가는 세상이다. 예전처럼 다툼이 있었더라도 돌아서면 그만이고, 다시 서로 얼굴을 대하면 '언제 그랬냐'는 듯, 환하게 웃던 세상은 찾아보기 힘들다.

요즘 값비싼 고층 고급 아파트에 수천 세대들이 모여 살고 있지만 서로 이름을 알고 가깝게 사는 사람 별로 없다. 엘리베이터에서 서로 얼굴을 대해도 무심한 표정으로 비껴간다. 각각 자기들 갈 길이 바쁘다.

그러면서 자기주장과 자기들의 인권과 권리만 챙기기에 급급하다. 이런 세상이라면 진정한 삶의 가치와 인간 참모습을 어디에 두어야 할지 막연하기만 하다.
게다가 어두운 이웃, 노부모와 생활고에 시달리는 형제들을 외면한 체 이국땅에 자선사업, 봉사활동을 앞다투어 떠나고 있다.

* 미란타왕문경: 기원전 2세기경 그리스 왕 미란타와 불교 승려 나가세나 사이의 진지한 대화를 기록한 책.

선행과 공덕이 고귀하고 신성함을 어찌 부인하겠냐만, 진정 자기 마음속에 진실은 어디까지이면 가식은 어디까지일까? 의문이 앞선다. 그렇게 피가 흐르고 의욕이 생긴다면, 가까운 이웃부터 자비와 사랑의 실천이 행해진다면 오죽이나 좋을까. 얼굴 내고 보여주기식이라면 차라리 이웃 간의 높은 벽을 허물고, 소통의 물길을 내야하지 않으랴.

아름다운 세상을 만든다는 것은 작은 일에서부터 서로 간의 협력이 필요하다. 우리 주위에 뻔히 알고도 무관한 문제들이 얼마나 많은가. 남에게 미루지 말고, 하나하나 협력 속에 풀어보자. 우리 사회가 무거운 짐을 싣고도 거뜬히 항해를 할 수 있도록 마음을 모아보자.

예순아홉번째날 머무른 바 없이 가는 길

현자는 어떤 것에도 머무르지 않으며, 사랑하지도 미워하지도 않는다. 슬픔과 인색함이 이제 그를 더럽힐 수 없다. 연잎 위의 물방울이 결코 연잎을 더럽힐 수 없는 것과 같이, 저 연꽃이 진흙물에 더럽혀지지 않듯이, 현자는 보고 배우고 사색한 어떤 것에도 결코 물들지 않는다.

〈숫타니파타〉

응무소주 이생기심　　　應無所住 而生其心

머무는 바 없이 마음을 내어라

『금강경』 사구게四句偈 중 한 구절이다. 머무르지 말라.'는 것은 '한곳에 집착하지 말라'라는 뜻이다. 집착은 온갖 갈등과 괴로움을 수반하기 때문이다.

고인 물은 썩는다고도 했고, 순환이 안 되면 어떤 것이든 곪아 터진다고도 했다. 우리 마음도 한곳에 갇히게 되면 분명 마음의 병이 생긴다. 마음의 병이 생기지 않으려면 당장 누구에게 무엇을 주었다는 생각, 받았다는 생각, 앞으로 대가를 바라는 생각마저도 버리라고 했다. 그래야만 평안과 새로운 마음이 열린다고 했다.

머무른 바 없이 마음을 쓰게 되면, 원망도 미움도, 대립도 사라진다. 마음의 평화가 온다. 진정한 평화는 돈과 명예와 권력을 다 얻는다고 해서 오는 것은 결코 아니다. 원하는 것을 다 얻게 된다 하더라도 마음은 항상 빈곤에서 헤어날 수 없다. 비우고 여유 있는 마음에서 평화가 온다.

사람이 본래 가지고 있는 성품을 일러 양지良志라고 한다. 양지는 '기뻐하고, 성내고, 슬퍼하고, 두려워하고, 사랑하고, 미워하고, 욕심내는' 일곱 가지 성품을 말하는데, 이 일곱 가지 성품이 사람을 움직이게 하여 탐욕과 온갖 번뇌와 망상, 그리고 괴로움을 일으키고 있다.

이 마음들은 집착에서 온다. 집착을 떨쳐 버리면 당연히 마음의 평화가 온다는 것이 분명하다. 하여 집착을 버리는 길은 '머무른바 없이 마음을 쓰라'는데 그 답이 있다.

혹 오늘 당신은 집착으로 괴로움 속에 방황하고 있지를 살펴보아라. 그리고 머무른 바 없이 가던 길 그대로 가거라.

일흔번째날 **성취의 기쁨은 홀로 달성했을 때**

마치 숲속에서 묶여 있지 않은 사슴이 먹이를 찾아 여기저기 돌아다니듯이,
슬기로운 사람은 독립된 자유를 찾아 무소의 뿔처럼 오직 혼자서 걸어간다.
동반자와 함께 있으면 몸을 쉬거나, 일어서거나, 걸어가거나, 여행하는 데 언제나 참견이 따른다.
남들이 가지 않는 독립과 자유의 길을 찾아 무소의 뿔처럼 오직 혼자서 걸어가라.

〈숫타니파타〉

한 배 속에서 난 열 자식도 얼굴과 성격, 행동이 각기 다르다. 그중 소심하고 내성적인 자식이 있는가 하면, 유별나게 도전적이고 진취적이고, 긍정적인 자식도 있다. 이를 보고, "저놈은 어디다 던져놓아도 살 거야"라고 말을 한다.

예전에는 대부분 자식을 여럿 낳아 기르던 시절이 있었다. 자식들에게 별다른 훈육법이 없었고, 모두 생활이 열악하여 잘 입히고, 잘 먹이지 못했어도 튼튼하게 잘들 자랐다.

그러나 요즘 시대는 물질이 넘치고 부유하고, 무엇 하나 부족함 없는데도 자식이 40이 넘어도 사회에 적응하지 못하고 부모 곁을 맴도는 '캥거루족'들을 적잖이 본다. 여기에는 분명 두 가지 문제성이 있다는 생각이다.

하나는, 부모가 너무 애지중지 키우다 보니 자식이 특성과 개성을 발휘하지 못하고 자립도 하지 못하는 경우이고, 또 하나는 본인의 성격과 의지력이 나약하여 활로를 못 찾는 경우일 것이다.

사자는 강한 새끼를 키우기 위해 높은 언덕에서 굴려 떨어뜨린 후 살아 올라온 녀석

만 키운다고 했다. 부모가 자식을 낳았더라도 자식은 부모의 가치관과 기대하는 꿈이 다르다. 자식은 자식만의 세계를 개척하여 길을 가야 한다.

부모는 자식이 그 길을 잘 갈 수 있도록 잘 도와주기만 하면 된다. 더 이상 관여한다는 것은 자식을 망치는 일이요 부질없는 일이다. 자식이 가야 할 길은 당연히 자기 몫이며, 탄탄하게 길을 다져 나아가야 하는 것은 자식의 과제이다.

어려움 속에서 성취의 기쁨을 홀로 달성했을 때 그 기쁨은 매우 크다. 독립과 자유는 홀로 갈 때 열린다. 코뿔소처럼 오직 혼자서 가야만이 열린다. 이것이 사람답게 사는 길이라 할 것이다.

연꽃 속에 진주

제8부

군자는 스스로 마음의 평정을 잘 찾고, 사람의 도리를 잘 행한다.
마음을 잘 다스리는 사람은 순간순간 닥치는 일과
사물에 대해 평정을 잘 하여 원만하게 잘 처리하고, 항상 평온한 마음을 가진다.
이렇게 지혜롭게 자기를 잘 관리하는 자를 군자라고 한다.

일흔한번째날 **마음먹기에 달려 있다**

제 마음을 극복하지 못하면 남의 마음도 이길 수 없다.
그러므로 제 마음을 극복해야 남의 마음을 이기게 되는 것이다.

〈삼혜경〉*

우리는 평상시 "마음먹기 달렸다."라는 말을 자주 하곤 한다. 무슨 일이든 마음만 먹으면 안 되는 일이 없다는 뜻이다. 그런데도 왜들 하는 일이 마음대로 안 된다고 야단들일까?

사실 모든 일이 마음 먹은 대로 잘 된다면 걱정할 일이 하나도 없을 것이다. 그러나 한 가지, 어떤 일을 펼쳐놓고 끝까지 다해보지도 않고 중도에 자포자기하는 경우가 있고, 처음부터 불가능한 일을 무리하게 덤벼들었다가 실패하는 경우를 종종 보아왔다. 그래서 맹자가 제자들에게 '자포자기自暴自棄'라는 말을 하였다.

> 자기를 스스로 학대하여 '자포自暴'하는 사람과는 대화를 하지 마라.
> 그런사람은 대부분 예의를 모르고 도덕도 지키지 않기 때문이다.
> 그리고스스로자기자신을보살피지않고버리는'자기自棄'하는사람도마찬가지다.

라고 하며, "인간은 본래 선하게 태어났다. 그러므로 어질고 올바른 뜻에 따라가는 것은 인간이 가지고 있어야 할 기본적인 덕목이다"라고 일깨워 주기도 했다.

---

* 삼혜경(三慧經): 고려시대 大乘起信論疏 筆削記會編卷第二 기본수행(基本修行)집으로 불교의 수행에서 없는 세가지 단계, 즉 문혜(聞慧), 사혜(思慧),를 말한다.

또한 『법구경』에서는 "자신과 싸워 이긴 자는 백만 대군과 싸워 이긴 자보다 더 용맹스럽다"라고도 했다. 이처럼 세상을 살아가는 데는 상대와의 부단한 경쟁도 있겠지만, 자신과의 싸움이 더 치열하다고 볼 수 있다.

아침에 눈을 뜨기 무섭게 어떤 한 가지 사안을 두고, 할 것인가 말 것인가? 망설일 때가 한두 번이 아니다. 게다가 밖으로도 수많은 선택의 갈등 속에 살아가고 있다. 이러한 과정 속에서 수많은 번뇌와 갈등도 교차된다.

여기서 지혜롭게 잘 극복하지 못하고 자포자기하거나 스스로 자멸하는 경우가 많다. 자신과의 싸움은 누구도 개입할 수 없다. 오로지 자신만이 해결할 수 있고 그 블랙홀에서 빠져나올 수 있다.

행복과 불행도 이와 마찬가지이다. 자기 마음먹기에 달려 있다는 것이다. 항상 '어떻게 할 것인가?' 란 물음의 답도 '마음먹기에 달려 있다'라고 할 수밖에 없다.

일흔두번째날 **사람이 죽는다는 것은**

사람의 몸은 마치 바닷가에 쌓은 모래성과 같아 파도가 치면 금세 없어진다. 사람의 몸은 깨진 그릇과 같아 물을 계속 채워도 항상 물이 새고 있다. 사람의 몸은 가을날 들판의 꽃과 같아며칠 못가 시들어 버린다. 사람의 몸은 차츰 허물어지는 집과 같아서 언젠가는 죽음을 맞이하게 된다. 그러므로 자신의 몸에 너무 애착을 갖는 것은 어리석은 일이다.

〈법화경〉*

요즘 시대를 백세시대라고 하여 모두 들떠있다. 좋은 음식, 좋은 약, 좋다 하는 운동, 힐링healing, 여행, 온갖 건강을 위해서라면 돈과 시간을 아끼지 않는다. 유튜브나 TV 방송에도 매일 건강 프로그램이 시청률 단연 1위이다. 노인복지 회관엘 가나, 병원에 가봐도 나이 든 사람들로 빼곡하다. 그래서일까. 인간의 기대수명이 현격히 늘어난 게 사실이다. 예전처럼 환갑을 못 넘기고 수명이 짧아 죽는 예는 드물다.

하지만 수명이 늘었다고는 하나 누구누구 할 것 없이 언젠가는 낡은 집 허물어지듯 몸이 부서져 저 세상으로 떠나갈 것이 뻔한 일이다.

그런데도 조금 더 오래 살아보겠다고, 조금만 더 목숨을 유지해 보겠다고, 병석에서 식물인간이 되어 오랜 기간 생사를 다투는 모습들은 안쓰럽기만 하다.

사람이 죽으면 "돌아가셨다"고 한다. 돌아감이란 어디로 가는지 알 수는 없지만, 예전 내가 왔던 그 자리로 돌아간다는 뜻일 게다. 흙으로, 땅으로, 자연으로 돌아간다고들 말한다. 그보다 돌아간다는 뜻은 '돌고 돈다'라는 의미로도 풀이한다.

돈다는 것은 시작과 끝이 없는 무한함을 상징하며, 다시 돌아온다는 의미도 갖고 있다. 그 원리를 형상으로 표시한 것이 일원상一圓相이다.

그러므로 '현재 드러난 자신의 몸만 가지고 너무 애착을 가진다는 것은 어리석은 일이다'라고 하지 않았던가. 낡은 옷을 버리고 다시 새 옷을 갈아입는다는데, 죽음에 대해 무엇이 그렇게 아쉽고 서럽다 하겠는가.

서산대사는 『선가귀감에』에서

浮雲自體本無實　부운자체본무실
生死去來亦如然　생사거래역여연
구름은 본래 실체가 없는 것과 같이 사람이 죽고 살고,
오고 가는 것이 모두 그와 같도다

라고 하였다. 모든 존재는 생멸生滅속에서 애착 없이 자유롭게 넘나들고 있는데, 인간만이 늙어가는 몸을 붙잡고서 오늘도 모두들 한숨만 쉬고 있구나.

---

* 법화경(法華經) :「묘법연화경(妙法蓮華經)의 준말으로 초기 대승(大乘) 경전의대표적인 것으로 인도에서 기원전 1세기부터 기원후 2세기경까지 성립된 경전.

일흔세번째날 **진실과 거짓은 천생연분**

좋은 길로 올바르게 인도하는 데는 진실한 말로 인도함이 최고이며, 이 세상의 모든 등불 가운데 진실의 등불이 최고이고, 세상의 모든 병을 치료하는 약 중에는 진실한 말의 약이 으뜸이다. 자신과 남을 위하여 그리고 돈과 향락을 위하여 거짓말을 하지 않으면 그것이 곧 깨달음에 이르는 길이다.

〈법구경〉

진실眞實이란 참다운 것, 또는 거짓이 아닌, "왜곡이나 가식, 은폐나 착오가 개입되지 않은 올바른 사상이나 현상을 말한다"라고 해석한다.

러시아 소설가 알렉산드르 솔제니친(1918~1974)은 "진실은 우리를 자유롭게 만들고, 거짓말은 우리를 사슬에 묶는다"라고 했다. 우리 사회는 진실과 거짓이 팽팽하게 힘을 겨루고 있는 형국이다. 그 가운데 거짓은 아무리 제거하고 막으려 하나, 우리 삶 속에 끊임없이 도사리고 있고, 독버섯처럼 건재하게 자라나고 있다.

그러나 공자는 "진실은 칼보다 더 날카롭다"라고 했다. 진실은 그야말로 인간 세상의 삶을 균형을 잡아주고, 질서와 안정과 행복을 가져다 준다.

진실은 불사조처럼 보이지 않는 가운데도 힘을 잃지 않고 버티어 우리 삶을 지켜주니 우리는 그나마 안심하고 행복하게 살고 있다 하겠다. 어떤 누구라도 진실이 파괴되면 살아남지 못한다.

진실은 이처럼 공기와 같고, 소금과도 같아서 진실을 등진 사람도 은근슬쩍 진실에 기대어 산다. 그러한 가운데 기회주의자들은 몽유병자처럼, 신들린 사람들처럼 순간순간 기회만 있으면 거짓으로 위장하여 사회를 혼탁하게 하고 있다.

이렇게 본다면, 거짓과 진실 관계는 서로 상관이 있으며, 천생연분이 아닐까 싶다. 거짓과 진실이 천생연분이라도, 양심이 살아있는 자 진실 편이고, 양심이 죽은 자는 거짓으로 위장한 위선자일 수밖에 없다.

진실공방은 인간들이 살아 숨 쉬고 있는 동안 끝이 없을 것이다

일흔네번째날 **평정심을 화두로 삼자**

지혜가 없는 사람에게는 항상 마음의 평정이 없다. 마음의 평정을 닦지 않은 사람에게는 밝은 지혜가 없다.
마음의 평정과 밝은 지혜를 겸비한 사람이야말로 진리에 가까이 다가가 있는 것이다.
그러므로 현명한 사람은 마음의 평정과 지혜를 함께 닦는다.

〈소부경전〉

사람은 '감정의 동물'이라 했다. 그러나 그 감정은 시시각각 변한다. 급할 때는 한없이 급하고, 느릴 때는 더없이 느리다. 그러다 보니 어떤 중대한 일을 그르칠 때가 많다. 또 분쟁을 일으키기도 하고, 그 감정 때문에 손해 보기 일쑤다.

그 원인은 마음의 평정심을 잃기 때문이다. 『명심보감』에 "마음을 평정시킴으로 사물에 응할 수 있으며, 비록 글을 읽지 않더라도 덕이 있는 군자가 될 수 있다"라고 서술하고 있다. 이 말은 군자가 글을 잘 읽어서 군자가 아니라, 스스로 마음의 평정을 잘 찾고, 사람의 도리를 잘 행하기 때문에 군자라는 것이다.

마음을 잘 다스리는 사람은 "순간순간 닥치는 일과 사물에 대해 평정을 잘 하여 원만하게 잘 처리하고, 항상 평온한 마음을 가진다"라고 하니 이것을 '지혜롭다'라고 하는 것이다.

평정하게 자기 관리를 잘 하다 보면 분명 마음이 맑아지고, 바른 견해가 생겨나고, 다른 사람을 이롭게 하는 지혜가 밝아질 것이다.

쇼펜하우어가 주장하는 평정심을 살펴보면,

첫째 긍정적인 마인드mind로 항상 즐겁게 살아라.

둘째, 불리한 일을 겪더라도 쉽게 화내지 마라.

셋째, 어느 때고 희망을 가져라.

넷째, 세상은 내 마음만 같지 않다는 것을 알아라.

다섯째, 나를 불안하게 하는 요소들을 끊어라.

여섯째, 옳지 않은 일은 절대 관여하지 마라.

이렇게 자기 관리를 하게 된다면, 분명 마음의 안정이 찾아오고, 편안해지고, 모든 일이 순조롭게 잘 해결되며, 평온과 안락한 삶을 얻을 수 있다는 것은 자명한 사실이다.

평정심을 항상 마음에 두고 살아가는 것이야말로 도道의 길이 아닐 수 없다.

일흔다섯번째날 오늘 나의 삶이 내일을 결정짓는 것

현재 사는 것은 전생에 닦아 놓은 복록으로 잘 살거나 못 살게 되는 것이다.
봄에 씨앗을 뿌리지 아니하고 가을에 많은 수확을 거두어들이려는 농부와 같이
전생에 선근을 심어 놓지 아니하고 현생에 잘 살려고만 하니 어찌 수난의 고통이 따르지 않겠는가.

〈소부경전〉

'전생의 과보果報와 자업자득自業自得이 실제 지금 우리 삶에 어떤 영향이 미치는 것일까?'에 대한 의견이 분분하다. 과보는 선악의 행업으로 말미암아 얻어지는 업보業報라고 한다면, 자업자득은 자기가 저질은 과보를 자기가 받는 것을 말한다.

그런데 업보를 전생의 행위에서 유전流轉 된다는 것을 부정할 수는 없지만, 과보와 자업자득은 분명 인간이 사는 동안 행위에 따라 그때그때 받고 있다는 것을 부정할 수 없다. 하여 인생을 단멸론斷滅論이라고 주장하더라도 여기에는 부합할 수밖에 없다.

그러나 과거와 현재, 미래를 상정한다면 또한 전생과 내생을 무관無關하게 판단 지을 수 없다. 어떤 경우라도 자기가

지은 행위는 피할 수 없다. 선한 행위든 악한 행위든 사필귀정事必歸正 마땅히 자업자득 된다는 것은 결코 필연적이다. 남을 해치면 응당 법적 심판을 받아야 하고, 남에게 이로움을 주면 분명 그만한 이익이 돌아간다는 것은 누구나 공감하는 원칙이다.그래서 과거와 전생의 과보 또한 무시할 것이 못 된다.

우리가 흔히 하는 이야기로, "나는 전생에 무슨 죄를 지어 이렇게 살까"라든가 "타고난 천성이 내 인생을 좌우한다"라는 말처럼, 타고난 특유한 습성이 예능인이나 운동선수 등 특별한 기능을 가진 자들에게서 찾아볼 수 있고, 습관적으로 범죄를 저지르거나, 거짓 행위를 하는 자들도 전생의 습성과 무관하지 않다는 것을 밝히고 있다.

그래 오늘 내가 이렇게 가난하게 살고, 힘들게 살아야 하는가? 하고 한탄할 게 아니라, 지난날 내가 어떻게 살아왔는가에 대해서 곰곰이 따져보는 것도 나쁘지 않을 것 같다.

또한 과거와 전생을 무시하고 현생을 말한다는 것은 기조基調가 흔들릴 것 같다. 과보와 자업자득에 대해서 더 깊이 사유한다면, 오늘 내가 하는 말과 행동 하나하나 함부로 지나치지 않을 것이다. 그것만이 자기를 지킬 수 있는 최고의 보루堡壘가 되리라.

일흔여섯번째날 **손에 들려주어도 모르는 법**

어둠 속에 보물이 있다 해도 등불 없이는 보지 못하는 것처럼,
부처님의 가르침을 전해주는 사람이 없으면 슬기로워도 깨닫지 못한다.

〈화엄경〉

『자경문』*에 이르길 "인생난득人生難得이요, 불법난봉佛法難逢"이라 했다. 인생난득이란, 사람 몸 받기가 어렵다는 말이고, 불법난봉이란, 사람 몸을 받았으나 부처님 법 만나기가 어렵다는 뜻이다.

---

* 자경문(自警文): 불가에서 초심문(初心文) 발심문(發心文)과 함께 사미(沙彌) 동승(童僧)이 처음에 공부하는 책.

2024년 통계에 의하면 지구상의 총 인구는 80억 명이라고 했다. 그중 종교인들 가운데 불자의 숫자는 5.6%인 약 4억 5천만 명이라고 한다. 그렇다면 그 많은 불자들 가운데 진실로 불법을 제대로 알고, 붓다의 가르침대로 생활을 하는 불자가 과연 몇이나 되는가에 대해서도 생각해 보아야 할 것 같다.

불법은 '백천만겁난조우百千萬劫難遭遇'라고 해서, 무한한 세월 동안 인간 몸을 받기도 어려운데, 다행히 붓다의 정법을 만났으나 붓다의 가르침대로 행하기란 어렵다는 뜻이다.

하여 붓다의 가르침만 잘 이해하더라도 큰 덕을 쌓은 것이라고 했다. 그러나 붓다의 가르침을 진실로 실행하는 사람들이 적다는 것이다. 가령 100년이 넘은 산삼이 발부리에 걸려도 모르고 지나가는 것과 같이, 아무리 불법이 '보물이다'라고 하여 손에 쥐어준들 알려고 하지 않는다는 뜻이다.

그러기에 80평생 절에 다녔다 할지라도, '반야바라밀다'의 '반'자도 제대로 깨우치지 못하고 죽어간다고 했다. 그러니 어찌 불법난봉이 아니겠는가.

더구나 난세에는 '부처님도 돌아앉는다'라고 했다. 특히 이런 어지러운 난국에 불법을 손에 들려주어도 모르는 것이 맞을 것 같다. 그런데 이제는 불법을 제대로 전해주는 자도 없을뿐더러, 붓다도 찾을 길 없으니 불법난봉이 맞을 것 같다. 불법이 아닐지라도 법法은 인간 세상에 없어서는 안 될 공기와 같은 것이다. 사람이 사람으로서 꼭 지켜야 할 도리道理가 법이다. 법이 있어야만 모든 존재들이 안심하고 살아갈 수 있다. 나를 지켜주는 호법신장이기 때문이다.

그래서 법은 누가 보든 안 보든 상관없이 각자 스스로 지키고 엄중해야 하는 것이 문자 그대로 법일 것이다.

일흔일곱번째날 **항상 깨어 있는 삶**

항상 새벽처럼 깨어 있어라. 부지런히 노력하는 것을 즐겨라. 자기의 마음을 지켜라.
자기를 위험한 곳에서 구출하라. 진흙에 빠진 코끼리가 자신을 끌어내듯.

〈법구경〉

요즘 세상을 "눈뜨고 있어도 코 베이는 세상"이라고 했다. 그 말은 발 빠르고 얍삽한 사람이 어느 순간, 눈을 뻔히 뜨고 있는데도 나의 소중한 물건을 감쪽같이 훔쳐 가거나 속이는 행위를 보고 하는 말일 것이다. 이러한 경우는 우리 생활 공간에서 심심치 않게 벌어지는 풍경들이다.

그렇게 어처구니없이 당하다 보면, "정신이 나갔다"라든가, "남의 정신에 살고 있다"라든가, 한탄할 때가 많이 있다. 더군다나 "이웃집 김서방이 장에 가니 우리 집 머슴도 두엄 지고 따라간다"라는 말이 있듯, 실속 없고 줏대 없이 사는 사람들도 흔하게 본다.

서암 선사는 매일 아침 눈을 뜨자마자 자신과 자문자답을 한다.

"주인공아! 항상 깨어 있어라!"

"예"

"모든 경계(외부의 정보나 헛된 논리)에 속지 마라!"

"예"

이 말은 스스로 자기 자신을 경책하는 말이다. 속지 말라는 뜻은, 자기 자신이 자기를 다스리지 못하고, 통제하지 못하고, 달콤한 쾌락에 끌려다니거나 삿된 유혹에

속고 살기 때문에 항상 깨어 있으란 말일 게다. 소중한 나의 인생, 누구도 대신 살아 줄 수 없는 나의 인생, 다시 돌아올 수 없는 인생, 잘 살아야 하지 않겠는가.

나 같이, 나처럼, 나만의 특색을 잘 살려 당당하고 또렷하게 살아가는 것이야말로 나만의 지평持平을 매일매일 새롭게 열어가는 창조적인 삶, 그리고 자기만의 진귀하고 고귀한 삶을 완성시키는 길이 아니겠는가.

그러려면 항상 깨어 있어야 할 것 같다.

일흔여덟번째날 **말의 힘**

아무리 말을 잘 꾸며 남을 해치려 해도 죄 없는 사람을 더럽히지 못하나니
바람 앞에서 흩날리는 티끌과 같이 재앙은 도리어 자기를 더럽힌다.

〈법구경〉

요(堯)임금*은 인품이 뛰어났을 뿐만 아니라 "만민이 그의 성덕을 고루 입음이 흡사 초목이 태양을 향하여 우러러봄과 같고, 가문 날에 단비를 갈망하는 것과 같다"라고 할 정도로 후세 사가들의 칭송이 필설로 다할 수 없는 정도의 성군聖君이었다.

그런데 중국 역사상 악명 높은 도척盜拓(중국 춘추시대 때의 사람)의 개가 요임금을 보고 사납게 짖어댔다. 그러나 요임금은 거기에 개의치 않고 가던 길을 갔다는 이야기가 『사마천 사기史記』에 나온다.

요즘 우리 사회는 도척의 충견처럼 출세와 부귀영화를 위해서 상대를 모략하고 온갖 비방과 악성 거짓 루머, 허물을 뒤집어씌워 상대를 넘어트리려 하는 모습들을 지겹도록 지켜보고 있다. 그러나 이러한 악행들은 역사가 보여주듯이 많은 세월이 지나더라도 물 위에 떠오르는 쓰레기들처럼 후대 사람들이 이를 낱낱이 살펴보고 있다.

사람이 말을 하지 않고는 살 수 없다. 말이란 서로 의사 전달이기 이전에 자기 생각의 표현이며 자기감정의 표출이다. 감정이란 자기 자존을 세우는 일이고, 자기가 살아있음을 증명하는 보루다.

---

* 요(堯)임금: 중국 고대 삼황오제(三皇五帝) 중 한 명으로, 그의 뛰어난 통치와 덕행으로 중국 역사상 가장 살기 좋은 태평성대를 이룬 임금.

그런데 격한 감정으로 인한 말 한마디가 남을 떠나, 자기를 죽이기도 하고, 살리기도 한다. 그래서 감정 조절이 얼마나 중요하다는 것은 두말할 나위 없다. 종고선사는 선善의 경지에 들어갈 수 있는 방편으로 '촌철寸鐵'을 내세웠다. "말 한마디가 상대의 급소를 찔러 당황케 하거나 감동시킨다"라는 뜻이다.

한편으로 말 한마디의 날카로운 비판이 어지러운 형국을 정돈하고 사악하고 불의한 것을 걷어내는 요긴한 언어로 사용된다는 뜻이기도 하다.

그러나 정치 세계에서 말의 힘을 빌려 정략적으로 이용하는 설전舌戰은 촌철과는 의미가 다르다. 그들이 매일 시도 때도 없이 떠들어대는 설전이 우리 민생들에게 무엇을 도모하는지 아련하기만 하다. 그럼에도 무의식중에 흡수되어 그들과 똑같이 따라 하는 동조자들이야말로 두엄 지고 장에 따라가는 것과 흡사 무엇이 다르다 하겠는가.

말 한마디는 나의 위신과 품위 직결된다는 것을 분명하게 알아차려야 할 것같다.

아름답고 지혜로운 삶

원수의 하는 일이 어떻다 해도, 적이 하는 일이 어떻다 해도,
거짓으로 향하는 내 마음이 내게 짓는 해악보단 못한 것이다.

〈법구경〉

사람 사는 세상에는 미운 사람도 있고, 좋은 사람도 있고, 스쳐 지나가는 바람결같이 인연 먼 사람들도 많다. 다시 말한다면 은인이 되는 귀인도 있을 것이고, 그토록 나를 힘들게 한 원수 같은 사람도 있고, 나의 관심밖에 있는 사람도 많다는 것이다. 이 같은 유형으로 형성된 인간관계 속에는 '시절인연'이라 하여 때때로 만남과 헤어짐은 끊임없이 이어지고 있다.

그러한 가운데 '인간사 흥망성쇠興亡盛衰'라든가, 인간사 세옹지마塞翁之馬라는 말처럼 무수한 희로애락喜怒哀樂이 펼쳐진다. 이처럼 거미줄같이 얽히고설킨 인연관계 속에서 인간은 조금도 벗어나 살 수 없다는 것이 인간사人間事이다.

그래 그런가. 사람이 모여 사는 곳은 하루도 조용할 날이 없다. 서로 티격거리며 잘났다고 으스대고, 못났다고 멸시하고, 이권과 입신양명을 위해서는 물불을 가리지 않고 나대다가 자기 욕구가 좌절되면 괴로움과 비통함에 빠진다.

이런 현상들은 타의적이라 돌리기보다는 알고 보면 자기 욕망에서 비롯된 것일 수 있으며, 자의적인 전도몽상顚倒夢想 착각일 수 있다. 내 주위에 다정한 친구, 부모 형제, 하루도 떨어져서는 못 살 것 같은 연인이 있는가 하면, 나를 괴롭게 하는 원수 같은 사람, 내 말을 좀처럼 받아주지 않은 미운 사람들과도 함께 살아가고 있다.

이 또한 나로 인하여 맺어진 인연들이며, 그 인연의 고리는 끝없이 연결되어 있다. 그 가운데 자신이 남에게 조금도 피해를 끼친 적이 없고, 상대를 마음 아프게 한 일이 한 번도 없었다면 그것은 억지 주장일 것이다. 이렇게 모든 사람들은 자기만의 특징과 개성을 가지고 삶을 펼쳐가고 있다.

그러다 보니 갖가지 삶의 방식과 행동이 표출되고, 서로 다른 생각과 의견의 차이에서 마찰이 생기기 마련이다. 이것은 너무도 자연적인 생리현상일 수 있다. 그래 여기에서 미움과 증오 갈등이 생겨날 것이다. 또한 원수와 귀인이 생겨날 것이다. 그러므로 미워한다는 것, 사랑한다는 것, 모두 개인의 분별로 해석한다는 것 또한 마땅하지 않다. 따라서 너무 지나치게 따진다는 것도 바람직하지 못할 것 같다. 그대로 두고 볼 일이다.

다만 중도中道를 지키고 자기 개성을 잘 살려 참신한 삶을 잘 꾸려 가는 것이야말로 참스럽고, 아름답고 지혜로운 삶이 아닐까 싶다.

여든번째날 **나 자신과의 싸움**

온화한 마음은 성냄을 이기고, 착한 일은 악을 이기고,
베푸는 일은 인색함을 이기고, 진실은 거짓을 이긴다.

〈법구경〉

어떤 이가 출근을 하면서 "오늘도 싸움터에 나간다"라고 했다. 어떤 정치인은 "오늘은 여야 간에 치열한 전쟁이 예상된다"라고 했다. 가자지구나 우크라이나 지역은 하루도 편할 날이 없을 정도로 치열한 전쟁이 계속되고 있다.

우리가 사는 세상은 싸움판이다. 눈만 뜨면 크고 작은 전쟁을 치러야 한다. 이것이 오늘날 사람이 사는 일상생활이 되어 버렸다. 그런데 눈으로 보이는 싸움만이 다가 아니다.

그보다 무서운 싸움은 눈에 보이지 않는 싸움이다. 다정한 친구, 사랑하는 이웃, 사촌, 직장 동료 할 것 없이 어쩌다 마음 틀리면 원수가 된다. 그 관계 속에는 각자 자기 나름대로 드러나지 않은 욕심이 도사리고 있다.

그것은 누구도 모른다. 그래서

각자 생존하기 위해서는 자기만의 철책이 있다.

이같은 방어 능력은 생리적 현상이라고 할 수도 있지만, 엄격히 말하면 생존경쟁에서 오는 심리적 작용이라 할 수 있을 것 같다. 그래서 '어떤 사람이건 100% 믿는다는 것은 위험한 일이다'라고 말한다.

그러나 타인이기에 그 마음 모르기 때문에 믿을 수 없다는 것은 당연하지만, 진정 내 마음은 나도 모른다. 하루에도 몇천 번씩 변하는 내 마음을 믿을 수 있겠는가? 한 가지 일을 두고도 할까, 말까, 몇 백 번을 망설여지는가. 아침에 다짐했던 마음이 하루를 못 넘기고 자포자기하거나, 언제 그랬느냐 싶게 기억 속에서 지워버리니, 참으로 내 마음인들 어찌 믿을 수 있다는 말인가.

거기다가 성내고, 탐내고, 어리석고 인색하고, 거짓 투성이로 살아가는 내 마음을 어떻게 감당한다는 말인가. 수천 명의 적군과 싸워 이기는 것보다 내 마음을 이기는 것이 훨씬 어렵다고 하는 것이 결코 틀린 말이 아닌 것 같다.

나를 이기는 일은 무엇보다 바위처럼 단단하고 흔들리지 않은 마음이라야 믿을 수 있을 것 같다. 소중한 나의 인생, 남의 일 참견 말고, 나와 싸움에서 승리를 거두어 보자.

연꽃 속에 진주

제9부

"살자니 고생이요, 죽자니 청춘이라"라고 했다.

산다는 것이 고생이라 하지만, 그렇다고 인생 전부가 고생일 수는 없다.

사는 동안 즐겁고 행복한 날들도 많지 않은가.

여든한번째날 **비록 궁색할지라도 자유로운 삶**

그들은 깊은 생각에 마음이 편안하여 다시는 사는 집(생사)을 즐겨 하지 않나니,
기러기가 놀던 못을 버리고 가듯이 세상의 사는 곳을 버리고 떠나간다.

〈법구경〉

기러기와 제비는 철새이다. 그들은 계절이 바뀌면 자기들이 살던 집을 미련 없이 버리고 떠난다. 수행자들도 어느 곳에나 안주하지 않고 인연에 따라 거주지를 옮겨 다니기 때문에 철새와 같다고 비유를 한다.

유목민들도 목초를 찾아 이곳저곳 물과 풀을 따라 옮겨 다니며 유랑하듯 살기 때문에 고정적인 거처를 두지 않는다. 그러기에 요즘 사람들처럼 수십 억이나 하는 호화스러운 집에 욕심을 둔다거나 불필요하게 생활공간을 꾸미지 않는다.

이런 유랑민들의 삶에 비하면, 어느 한곳에 정착하여 안정된 삶을 누리려고 하니 아무래도 자기 주거지에 애착을 갖고 많은 투자를 해서라도 편하게 호화롭게 살고자 하는 욕망이 커질 수밖에 없다. 또한 부동산을 이용하여 재산을 늘리고자 하는 과대한 욕심도 따른다.

이같이 우리가 사는 지구촌에는 다양한 생활 공간과 서로 다른 풍조와 형태가 차별화되고 있으니, 빈부의 차가 커질 수밖에 없다. 사실 이렇게 살아도, 저렇게 살아도 사람 사는 일이 아니겠는가. 다른 게 있다면, 집착과 애착이 커지면서 불필요한 소유욕 때문에 서로 간에 위화감이 커지고, 무분별한 개발과 낭비, 환경 오염 등 인성까지 그 영향이 미치고 있다. 여기에 한 가지 더하여 소유욕이 크면 클수록 자기 자신의 번뇌와 괴로움도 그만큼 커지고 삶의 균형도 깨진다는 것을 알아야 한다.

영국의 철학자 밀J.S. Mill(1806~1873)은 "배부른 돼지보다는 배고픈 소크라테스가 낫다"라고 하여 '물질 만능주의'를 비웃었다. 동물적 풍요를 즐기기보다는 비록 궁색하더라도 생각하는 인간으로 남아 있고 싶어 했다.

다양하고, 자유분방한 인간들의 삶 속에서 꼭 '이렇게 살아야 한다'라는 방법을 제시하기는 어렵지만, 유목민들처럼 필요한 것만 취하고 자유분방하게 사는 삶이 단조로우면서도 아름답게 느껴진다.

여든두번째날 진정한 욕심은 정도속에 꽃이 핀다

재산을 모아 두지 않고, 아는 바를 실천하여 단출하게 먹고, 완전한 자유와 해탈을 깨달은 그런 사람!
그런 사람의 행적(자취)은 찾을 길 없다. 허공을 나는 새처럼!

〈법구경〉

허공을 나는 새처럼, 물속에 사는 물고기들처럼, 산속에 동물들처럼 재산을 모으지 않고, 쌓아두지 않고, 남의 것 탐내지 않고, 그렇게 살아간다면 '얼마나 평화로울까' '이상적일까' 하고 진심으로 꿈꾸는 사람이 혹 있지 않겠는가? 그런 사람이 있다고 한다면, 그는 분명 진정한 자유와 평화를 꿈꾸는 사람일 게다.

그렇다, 사람은 본디 순수하고 평범한 곳에 삶의 의미를 두고 있었을 것이다. 그러나 인간이 진화되면서 욕심과 가식이 생겨나고, 서로 반목과 대립 살상이 이어지면서 평화가 깨지고 불행한 일들이 하루가 멀다 하고 일어나고 있다.

이와 같은 풍경은, 기독교 창세기에 등장하는 아담과 이브의 원죄原罪설에서부터 생겨났다고 말을 하지만, 본래 인간이 갖고 태어난 본성 중에 선善과 악惡은 필연적으로 내재되어 있었다는 것이 정설이다. 그 가운데 욕심이라는 것이 있어 마음속에서 온갖 것들을 주도하고, 번뇌와 괴로움을 양산하고 있다.

따라서 욕심이 없는 새나 물고기 산속 동물들처럼 살지 못하고 서로 간 반목과 대립이 시시각각 일어나고 있다. 인간의 욕심은 당장 내일 저세상으로 떠난다 할지라도 내 손에 쥔 것 하나라도 놓지 않으려 마음은 끝이 없을 것이다.

이렇게 인간의 속성을 살펴볼 때, 인간들은 진정한 자유와 행복을 꿈꾸는 것이 아니라, 자기가 만든 욕심의 족쇄에 스스로 자기를 묶어 살아가는 불행한 삶이기도 하다. 그러면서 평화와 행복을 꿈꾼다는 것은 언감생심이 아닌가.

그러나 그나마 욕심은 인간에게 정신적 에너지가 되기도 한다. 욕심은 능동적이고, 적극적이고, 활력을 양산할 수 있다. 욕심이 없다면 더디고 수동적일 수 있다. 무력해질 수 있다. 경쟁과 노력에서 발생하는 창출과 진보가 없을 수도 있다. 그래서 혹자는 "욕심을 가져라"라고 말한다.

능력과 비능력도 욕심의 차이에서 온다. 그러나 진정한 노력 없이 부당한 욕심을 차린다는 것은 짐승만도 못하다는 말을 듣는다. 창의와 노력 속에 욕심을 부린다는 것은 더할 나위 없이 합당하게 여겨진다.

그러나 진정한 욕심은 정도正道속에 꽃이 피리라.

여든세번째날 **영원히 답이 없는 문제**

살아 있는 생명을 해치면, 그는 그로써 고귀한 본성을 잃게 된다.
모든 생명을 해침을 여의면 그가 바로 고귀한 인격의 가치를 얻으리라.

〈법구경〉

살아있는 모든 존재들은 저마다 개성과 삶의 방식을 가지고 태어난다. 어느 것 하나 고귀하지 않은 것이 없다. 풀 한 포기, 나무 한 그루, 개미, 지렁이, 모기, 파리 모두 저마다 고귀하고 경이롭게 삶을 누리며 살아가고 있다.

그 가운데 인간은 유독, 세상에서 특별한 존재인 것처럼 우쭐대며 잘난 척 다른 생명 들을 경시하며 살고 있다. 그러다 보니 전쟁과 무자비한 살상을 서슴없이 저지르고 있질 않은가. 당연한 것처럼 말이다.

자기의 소유물처럼 뭇 생명들을 억압하고, 구속하고, 살상도 날이 갈수록 잔인해지고 있다. 또한 평화를 깨트리고, 지구의 질서를 파괴하고 있다. 인간의 훼손으로 지구의 환경은 최악의 오염 상태에 이르러 있다. 북극의 빙하가 녹아내리고, 오존층이 더 두터워져 식물의 개체 수가 줄어들고 토지가 말라 사막화되고 있다.

이렇게 지구가 인간들의 손에 황폐화되어 더 이상 살 수 없는 폐허가 된 다음 어디서 어떻게 아름답고 쾌적한 삶을 꿈꾸겠는가. 지금도 걷잡을 수 없이 달아오른 인간들의 무분별한 개발과 환경 파괴는 언제 멈출는지 짐작하기 어렵다.

지금 이 순간도 인간의 손에, 헤아릴 수 없이 어마어마하게 죽어가는 푸른 초원과 생명들! 이를 어찌 감당할 것인가? 선뜻 답을 내놓지 못하고 있다.

아니, 영원히 답이 없을 수 있다.

여든네번째날 걸레 같은 인간으로 살 것인가

말과 행동과 생각하는 바가 그 누구에게도 거슬리지 않는 사람
남들이 존경해도 우쭐대지 않고 남들이 비난해도 흔들리지 않는 사람
남들이 칭찬해도 교만하지 않는 사람
그는 이 세상에서 가장 올바른 삶을 살고 있는 사람이다.

〈숫타니파타〉

속된 말로, "걸레는 빨아도 걸레다"라는 말이 있다. '한번 더럽혀진 걸레는 닳아 없어질 때까지 걸레란 이름을 지울 수 없다'라는 말이 되겠다. 그렇지만 아무리 더러운 걸레라도 깨끗하게 잘 빨면 행주로 쓸 수 있지 않을까라는 가당치 않은 생각을 해보기도 한다. 이 말은 한번 품위가 손상된 사람은 다시 회복하기 어렵다는 뜻을 둔 말이다.

그러나 사자성어에 개과천선改過遷善이라는 말이 있다. "지난 잘못을 고쳐 착하게 바뀌다"라는 뜻이다. 아무리 더럽혀진 인격의 소유자라고 할지라도 자기 잘못을 뉘우치고 깨끗하고 참신하게 산다면, 걸레가 행주가 될 수 있다는 가능성을 열어둔 말이다.

우리가 살아가는 지구촌에는 과연 누가 걸레고, 누가 행주인지 분간하기 어려운 형국이다. 말과 행동, 성품에 따라 걸레 같은 인간이 될 수 있고, 성자가 될 수도 있다는 것이다.

걸레가 되고 성인이 된다는 것은 결코 타인만을 겨냥해서도 안 된다. 우선은 자기 자신도 돌아볼 줄 알아야 한다.

은殷나라 '탕왕湯王'이 쟁반錚盤에 새긴 '탕지반명湯之盤銘'이란 말이 있다.

진실로 어느 날에 새로워지려 하거든, 나날이 새로이 하고,
또 날로 새롭게 하라.

라고 했다.

탕왕은 또 "마음의 악惡을 제거하여 깨끗하게 하는 것은, 몸을 씻어 오염된 몸을 씻는 것과 같다고 했다. 한 번만 마음 잘 먹으면 될 것을, 어찌 걸레 같은 인간이란 말을 듣고 살아야 하겠는가.

여든다섯번째날 **마음 편하게 사는 것이 최고라지만**

이 천하를 통치하는 것보다도, 천상의 복을 받는 것보다도,
모든 세계의 임금 자리보다도, 성(聖)의 길로 드는 것을 낫다 하나니.

〈법구경〉

불가에서는 안심입명처安心立命처處라 하여 "안심의 경지로 몸과 마음이 원만하고 완전하게 성취되는 마음자리를 가지라"라고 했다. 그리고 그 마음을 가지려거든 "일체를 버려라" 했다. 게다가 "마음을 비워라"라고도 했다. 그야말로 마음 닦기가 썩 쉽지 않은 일이다. 그리고, 피안彼岸이라고 하는 열반적정涅槃寂靜* 도 모든 것을 비우고 내려놓았을 때의 경지를 말한다.

그런데 열반적정이 도대체 무엇이기에, 열반 적정에 도달하기 위하여 피골이 상접되도록 단식까지 하면서 수행을 하려는 것일까? 라고 의문을 갖는데, 마음이 우선 편해지려 한다면 마음속에 욕심이 가득 차고서는 도저히 도를 성취하기 어렵다는 논리이다.

그래 정작 마음을 비운다는 것은 탐욕[貪]과 노여움[瞋]과 어리석음[癡]을 없앤다는 뜻이다.

이 삼독三毒: 貪瞋癡을 없앤다는 것이 결코 쉬운 일이 아니어서 선불리 '내려놓는다'는 말을 함부로 발설한다는 것 또한 가식일 것이다. 그러다 보니, 안심입명安心立命도 열반적정涅槃寂靜도 허사가 되고 만다.

---

* 열반적정(涅槃寂靜): 모든 번뇌의 불꽃이 꺼진 평온한 마음 상태

때때로 머리 아프고, 복잡한 사건에 처해 있을 때 거기에서 벗어나는 길은 포기보다, 시원하게 마음 내려놓고 블랙홀에서 빠져나오는 그 자체가 안심입명처가 될 것도 같다.

그렇게 생각하면 내려놓는 일이 그렇게 어려운 일이 아닐 것 같다. 바로바로 마음만 고쳐먹으면 되니까. 그런데도 끝까지 집착을 버리지 못하고 몸부림치다가 황천길로 간 애석한 사람들이 적지 않다.

누구나 한결같이 마음 편하게 사는 것이 최고로 친다. 그러나 욕심을 내려놓는 데는 인색하다. 그러니 어떻게 안심입명처를 운운하겠는가.

오늘도 마음 편한 날을 갈망하지만 정녕 마음은 무겁고 편치 않다. 놓아 버리면 그만인 것을, 붙들고 괴로워하고 있다.

여든여섯번째날 **구름 속에 노니는 달과 같이**

지나야 할 생사의 길은 이미 지나고 끊어야 할 걱정 일체 떠나서,
모든 얽매임에서 벗어난 사람에겐 괴로움도 번뇌도 있을 수 없다.

〈법구경〉

혹자가 이야기하기를 "살자니 고생이요, 죽자니 청춘이라"라고 했다. 산다는 것이 고생이라 하지만, 그렇다고 인생 전부가 고생일 수는 없다. 사는 동안 즐겁고 행복한 날들도 많지 않은가. 사람들은 힘든 생활 속에서도 순간순간 좋은 날만을 꿈꾸며 살아간다.

인생이란 꿈이 있고 희망이 있기 때문에 어려움 속에서도 인내하며 살아간다. 그렇다, "고생 끝에 낙이 있다"라는 말이 있듯, 고생도 영원하지 않고 즐거움도 영원하지 않다.

그러나 늙고 병들고 죽음으로 향하는 괴로움은 누구도 막을 수 없는 괴로움 중에 괴로움이다. 청춘은 가만히 있지 않고 시시각각 늙어간다는 것 또한 너무도 당연한 일이다.

그렇지만 사람들은 늙어가는 자체를 너무나 마음 아프게 생각한다. 진시황이 늙지 않기 위해 온갖 방법을 동원했으나, 결국 늙어 죽지 않았던가. 이는 젊음이 있으니 늙음은 당연히 따라오고, 생生이 있으니 죽음 또한 기필코 따라오고야 마는 엄연한 자연의 법칙이다. 그래 너무도 당연한 생사生死의 진리를 바로 안다면 굳이 괴로워하거나 슬퍼할 일도 아닐 것 같다.

이와 같은 단순한 생사 법칙을 깨닫고, 괴로움의 늪을 건너는 것을 해탈解脫이라 했다. 해탈의 사전적 의미는 "굴레나 얽매임에서 벗어남"이다. 생사의 굴레에서 벗어남은 극히 자유스러운 일이다. 생사의 속박에서 벗어나면 번뇌와 괴로움은 일시에 사라진다 하여 '생사의 고해苦海를 넘었다'라는 표현을 하기도 한다. 이를 해탈이라고 하며, 생사일여生死一如라고도 한다. 이것이야말로 영원히 변치 않는 엄연한 진리라는 것을 깨우쳐야 한다. 그러면 늙어가는 것도, 병든다는 것도, 죽는다는 것도 괴롭거나 슬프거나 안타깝다 하지 않을 것이다. 다 늙어빠진 몸뚱이를 부여잡고 "청춘을 돌려다오"라는 부질없는 몸부림을 하지 않을 것이다.

죽는 것은 죽는 것이 아니라 새로 태어남이라고 했다. 죽음으로서 화려하고 장엄한 새 인생이 열린다는 것을 알아야 할 것 같다. 생사에서 벗어남이 일체 얽매임에서 벗어남이다. 대 자유를 얻는 것이다. 오늘 이 순간, 숨바꼭질하듯 찾아오는 괴로움과 즐거움은 구름 속에 노니는 달과 같다 해야 할 것이다.

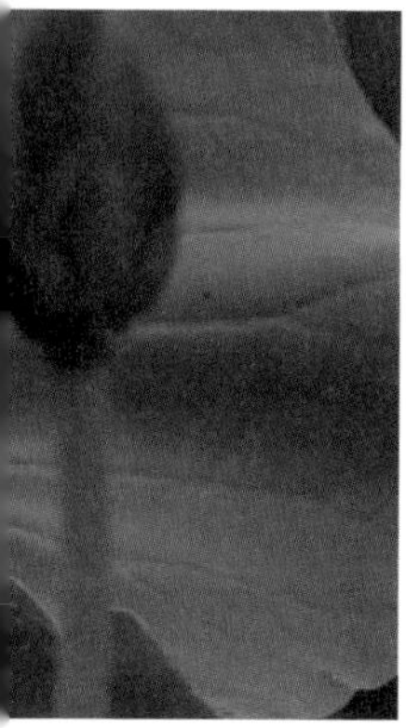

여든일곱번째날 **나의 인생의 꽃을 피우는 일**

잠꾸러기이며, 여럿이 모이는 것을 즐기며, 애써서 노력하는 일이 없이 게으르고, 곧잘 화내는 것을 능사로 하는 사람이 있는데, 이는 파멸에 이르는 문이다. 풍족하게 살고 있음에도 불구하고, 늙고 쇠약한 부모를 부양하지 않는 이가 있으니 이것이 파멸에 이르는 문이다.

〈숫타니파타〉

'함'이란? "무엇 무엇을 하다."

행동이며 동시에 결과를 만들어 낸다. 우리는 잠에서 깨어남과 동시에 똥을 싸든, 밥을 먹든, 양치질을 하든 무언가 일이 시작된다. 이것이 하루 일과의 시작이며, 한 생명체가 살아있음을 보여주는 증거이다. 하지 않는다는 것은 무생물이나 이미 목숨을 잃어버린 생명체일 게다.

앞산 새들도 날이 밝기 무섭게 둥지를 빠져 나와 이 나무, 저 나무를 노닐며 하늘을 날고 있다. 숲속에 동물들도 부지런히 먹이를 찾아다닌다. 모두 살아있다는 증거다. 이렇게 살아있음은 동적이고 희망차다.

뭔가를 하기 위해 생각을 하고, 움직이고, 부단하게 일을 하는 데서 삶의 가치가 창출되고 보람과 즐거움이 생겨난다 할 것이다.

오늘 아침도 8차선 넓은 출근길에는 차량들이 가득 꼬리를 물고 서행을 하고 있다. 24시간 불이 타오르고, 기계 소리가 멈추지 않은 산업 현장에서는 노동자들의 거친 숨소리와 땀방울이 가슴을 적시고 있다.

일을 한다는 것은 숭고한 일이다. 아름다운 일이다. 일을 하지 않고 매일 할 일 없이 논다면 인생의 참맛을 어디서 느낄 것인가.

올림픽에서 금메달을 목에 건 선수들도 반복적인 동작을 하루에 수천 번씩 하였고, 국내 톱 가수들도 노래 한 곡 히트하려면 그 곡을 수천 수만 번 불러 익혀야 한다. 가치 있고, 세상에 인정받는 일은 결코 피나는 노력이 없이는 불가능하다는 진리를 누누이 보아왔다.

그런데도 "감나무 밑에 누워 홍시가 입으로 떨어지기를 기다린다"라는 속담처럼, 우리 주위에는 무위도식하며 살아가는 사람들도 적지 않다.

인생은 누가 뭐래도 자기의 것이기 때문에 거드름 피우고 나태해서 될 일이 아니다. 그래 잘 살고 못 사는 것도 자기 탓이다.

오늘 내가 괴롭다고 해서, 즐겁다고 해서 그 기운이 남에게 가지 않는다. 모두가 자기 것이라고 생각한다면, 두말할 것 없이 자기 인생을 위하여 열심히 최선을 다하여 아름다운 인생의 꽃을 피워 보아라.

여든여덟번째날 이 또한 지나가리라

인생의 여행을 끝내니 슬픔도 없고 모든 일들이 자유로우며
모든 얽매임을 끊어 버리니 고뇌는 간 곳 없이 사라지고 만다.

〈법구경〉

걱정은 만든다고도 했다. 길가는 어떤 이를 붙들고서라도 물어보면 걱정 없는 사람이 없을 게다. 산다는 것이 이래저래 신경 써야 할 일도 많고 자나 깨나 걱정뿐이다.

그런데다가 오지 않은 내일을 두고 걱정해야 하는 것은 다소 이해되지만, 지난 과거사를 들먹이며 넋두리하고 후회한다는 것은 사실 자기 자신에게 무슨 도움이 되겠는가. 혹자들은 "지나간 일 생각해서 무얼 해, 오지 않은 내일 걱정해서 무얼 해"라고 하기는 하여도 그들도 들여다보면 걱정 속에서 한순간도 벗어나지 못하고 있다.

그렇다. 지나간 날을 후회해 보아야 나에게 덕 될 것 아무것도 없다. 그렇다고 아직 닥치지도 않은 미래를 걱정해서 무얼 하겠는가. 그렇지만 당장 해결해야 하는 일, 해결되지 않은 일, 순조롭게 풀리지 않은 일들이 산더미 같아 정신을 혼미하게 한다. 그렇더라도 정신을 가다듬고 천천히 일을 해결하다 보면 반드시 길이 열리리라.

고대 이스라엘의 제2대 왕 다윗은 전쟁에 승리하고서 그 기쁨을 교만하지 않게 하기 위하여, 반지 세공사에게 "절망에 빠졌을 때도 결코 좌절하지 않고, 희망을 주는 글귀를 넣어서 반지를 만들라고 명령하였다. 세공사는 고민하던 끝에 솔로몬을 찾아가 도움을 청하자 다음과 같은 문구를 적어 주었다.

이 또한 지나가리라This Too Shall Pass

이와 동일한 말로 우리는 "세월이 약이다"라는 말을 자주 쓰곤 한다. 모든 것 얽매임 없이 잊고 사는 방법으로 이보다 적절한 말이 없을 것 같다. 어려운 고난에 부딪칠 때는 항상 "이 또한 지나가리라"라는 말을 기억하고서 일을 한다면, 모든 일이 순조롭게 풀리리라 생각된다.

여든아홉번째날 **오롯이 깨어 있어야 하거늘**

몸에 대한 마음 챙김을 항상 잘 실천하고, 하지 말아야 할 것은 하지 않고,
해야 할 것은 끈기 있게 하고, 주의 깊고 알아차리는 사람들에게 번뇌는 사라진다.

〈담마빠다〉*

옛말에 "돌다리도 두들겨보고 건너라"라고 했고, "식은 죽도 불어가며 먹어라"라고 했다. 이는 너무 잘 알고 쉬운 말일지라도 매사에 주의 깊게 세심하게 신중하게 심혈을 기울여 실수가 없도록 해야 한다는 뜻이다. 그렇지 않게 되면 "원숭이도 나무에서 떨어지다"라는 말처럼 어느 때 예상치 않은 실수가 따르고, 손해 보는 경우가 생긴다는 것이다.

누구나 살아가면서 모든 일에 완벽할 수는 없다. 잘한다고 하지만, 돌아서면 후회하는 일들이 다반사다. 그뿐인가, 우리가 하는 일에 있어, '용두사미龍頭蛇尾'라 하여 "머리는 용이나 꼬리는 뱀이다"라는 말과 같이, 시작은 좋으나 마무리는 흐지부지 끝내는 일들도 비일비재하다. 그러다 보니, "너는 맨날 그 모양이냐!" "정신을 어디다 두었냐!"는 등 심하게 핀잔을 듣거나, 신뢰를 상실하는 경우가 있다.

이렇게 우리가 살다 보면 어느 누가 실수 한 번 안 해본 사람 있겠냐마는 실수가 반복되면 당사자에게 치명적인 손상이 온다는 건 당연한 일이다. 그래 "돌다리도 두들겨보고 건너라"라는 옛말도 건성으로 들어서는 안 될 것 같다. 불가에서는 정신이 항상 또렷하고, 흐트러지지 않은 상태를 일러 '성성적적惺惺寂寂'이라는 말을 자주 한다.

수행의 근본은, 정신이 또렷하게, 항상 맑게, 고요한 가운데 깨어 있어야 한다고 했다. 깨어있어야만 밝은 통찰과 올바른 판단이 생긴다는 것을 강조한 것이다. 성성이란, 정신 상태가 반짝이는 샛별처럼 영롱하고 또렷한 상태를 말하고, 적적寂寂이란, 고요하고 고요해 어떤 번뇌도 일어나지 않는 평화로운 상태를 말한다.

새벽 물안개가 자욱한 호수를 생각해 보라. 유리면같이 잔잔한 수면, 고요, 평화로움 그 자체일 것이다. 마음이 성성하고 적적하다면 어떤 잡념이나 번뇌 망상이 끼어들 자리가 없을 것 같다.

이제 어떻게 살 것인가?. 혼란 속에 흐리멍덩 흐물흐물하게 살 것인가. 성성적적 또렷또렷하게 살 것인가. 오늘 내가 꿈꾸는 세상, 오롯이 깨어 있어야 평화와 행복이 오리라.

---

* 담마빠다: '진리', '법', 가르침을 뜻하는 담마(dhamma)와 '말'을 뜻하는 빠다(pada)가 합쳐진 담마빠다(dhammapada)라고 하여 '진리의 말씀'을 뜻하는데 한역(漢譯)된 법구경과 동일하다.

아흔번째날 **어떤 말을 해야 할까**

남의 흉이 한 가지면, 자기 흉은 열 가지가 되는 법이다.
가랑잎이 솔잎더러 바스락거린다고 하는 꼴이 되지 말라.

〈법구경〉

세상 삶에 있어 언어같이 소중한 게 없다. "눈으로 말해요"라는 말도 있지만, 정확한 의사 전달은 어렵다.

언어는 입을 통해 지어낸다. 언어를 입으로 구사하는 중에 좋은 말[善語]과 나쁜 말[惡語]을 지어내게 되는데, 이를 구업口業 짓는다고 한다. 구업을 선업善業과 악업惡業으로 구분한다. 악업이란, 망어妄語, 거짓말, 양설兩舌, 이간질, 양설兩舌, 이간질하는 말, 악구惡口, 악언 또는 불쾌감을 주는 말, 기어綺語, 교묘하게 잘 꾸며대는 말가 있는가 하면, 선업이란, 불망어不妄語, 진실만을 말하는 것, 불양설不兩舌, 이간질을 안 하고 화합을 도모하는 말, 불악구不惡口, 악언을 안 하고 부드럽고 따뜻한 말을 하는 것, 불기어不綺語, 꾸며대는 말을 하지 않고 유익한 말만 하는 것이라고 말을 한다.

이와 같이 언어는 다양한 성질을 가지고 타인과 의사소통을 하게 된다. 말 한마디 한마디가 화로 재 속에 파묻힌 불덩이와 같아서. 어느 때 어떤 말로 구사될지 모른다고 했다. 게다가 탄성彈性이 있어, 벽에 던진 공은 반드시 돌아오듯, 좋은 말은 좋은 말로, 나쁜 말은 나쁜 말로 돌아온다고도 했다. 그래서 성자들은 항상 입을 무겁게 하라고 했던 것 같다.

그러나 요즘 세상은 말 못 하면 바보 소리를 듣는다 하여, 상대에게 지지 않으려고 아무 말이나 생각 없이 난발하고 있다. 어디를 가나 언쟁으로 너무나 시끄럽다.

또한 자기에게 한 푼어치 덕이 안 되는데도 남을 흉보거나 비방하는 데는 상대와 합세해서 신나게 혈전을 벌리는 것을 종종 본다. '살아생전 좋은 말만 하고 살아도 모자란다'라는 말도 있지만, 자기도 모르게 남 흉보는데 물들어져 있는 수도 있다.

그래 이는 남의 일이라 고개 돌리는 것보다 스스로 자기 자신을 통찰해 보는 것이 지혜로울 것 같다. 내 말 한마디가 상대에게 약이 될 수 있고, 독이 될 수 있다는 것을 모르고 살아서는 안 될 것 같다.

연꽃 속에 진주

제10부

하늘은 바람에 실려 가는 구름과 친구가 되고,
새들에게 자유스러운 놀이터를 내주고 있다.
하늘은 넓은 가슴으로 모든 존재들을 감싸주고 있다.
인간에게 의지처가 되고, 절대적 생명의 구원처가 되고 있다.
하늘을 우러러 한 점 부끄럼 없이 살기를 맹세를 하라.

아흔한번째날 **진계와 속계를 넘나들다**

세속을 떠나 숲속으로 들어갔다. 숲을 나와 다시 속세로 들어가면, 보라,
이 사람은 애욕을 벗어났다가 다시 속박을 찾아 나아가는 것이니라.

〈법구경〉

누구나 한 번쯤은 번잡한 세상을 떠나 고요한 곳에서 살고 싶어 할 게다. 번잡한 속계俗界를 떠나 구름처럼 바람처럼 걸림 없이 떠다니며 살 수 있는 진계眞界를 꿈꾼다. 봄이 오면 진달래 피고, 새소리, 물소리, 바람 소리 끊이지 않는 깊은 산골에 홀로 사는 것 또한 어찌 신선하고 아름답다 하지 않겠는가. 수행자들이 아무도 없는, 적막한 산사에 머물며, 고요한 명상을 즐기는 삶을 보고 뭇사람들은 그렇게 살고 싶어 한다.

그러나 그런 생활도 인연이 닿아야 하고, 마음가짐이나 취향, 성격이 맞아야 될 듯싶다. 이렇게 홀로 산속에서 자연을 즐기며 산다는 것이 참으로 신선하고 낭만적으로 보일지 몰라도 몸과 마음이 거기에 적응할 수 있는 자세가 되어있지 않고서야 단 며칠도 견디지 못하고 도망쳐 나올 것이다. 마음의 준비가 되지 않은 사람이 만약 그곳에서 살더라도 '마음은 콩밭에 있다'라는 말처럼 번잡한 도시 쾌락이 넘치는 곳으로 자신도 모르게 이끌려 얼마 못 버티고 하산할 것이 뻔한 일이다.

다만 진계眞界라고 해서 모든 번뇌와 망상을 피할 수 있겠는가. 하물며 속계俗界일진데 어찌 고통과 괴로움에서 벗어날 수 있겠는가. 마음은 하루에도 수천 만 번씩 극락과 지옥을 오가고 있다. 진계와 속계 또한 둘이 아니다. 진계 속계를 유유자적悠悠自適 넘나들며 사다는 것 어찌 부정하랴. 모든 속박에서 벗어나, 그저 흐르는 세월에 몸 맡기고 물 흐르듯 살아간다면 어찌 도인道人과 비교하겠는가.

오랜 적막, 무료하고 답답한 공간
망상의 벌레들이 스멀스멀 가슴속에 기어든다.
진즉부터 마음은 산 아래 홍등가에서 춤을 추고 있다.
사립문이 바람에 촐랑댄다. 어서 가라고 가랑비려나
윗목 시렁에 늘어져 걸망이 나풀댄다.

걸망을 들쳐매고 비몽사몽 산을 내려간다.
마을 어귀에 들어서자, 귀에 익은 목소리 귀에 날아들고
저벅저벅 발걸음 소리에 늙은 누렁이 까랑까랑 짖어댄다.
지린내 나는 외양간 옆 모퉁이를 돌아 초슬이 방문 앞에 멈 춘 발걸음
가슴에 흠뻑 젖은 땀, 뜨겁게 달아오른 심장

가물거리던 촛불이 꺼지고
한동안 지워졌던 분 향기가 코 줄기를 타고 들어
심장에 파고든다. 숨소리 가프게 요동친다.
밤은 땀물에 젖어가고 쌓인 고뇌 어둠속에 질퍽이는데
천근만근 소리없이 짓누르는 삶의 무게는 차곡 차곡 쌓여만 간다.

「속박을 넘어서」
일취 詩

아흔두번째날 **각성이 절실한 시대**

변방의 성을 지키듯, 안팎을 함께 굳건히 지키듯, 스스로 그 마음 지키어 악한 마음을 생기게 하지 말라.
마음에 조금만 틈이 있으면 엿보아 괴리乖離가 생기나니.

〈법구경〉

요즘 우리 시대를 첨단과학 시대라고 하여, IT 미디어 시대에 살고 있다. 수많은 정보 홍수 속에서 뭐 하나 부족함 없이 유용하게 삶의 질을 높이며 윤택하게 살고 있다.

이러한 문물의 다양함과 편리성에 대해 누가 이를 거부하겠냐마는. 문화가 향상되고 삶의 환경이 엄청나게 발전한 반면, 마음은 더욱 빈곤해 가고, 인색해 갈 뿐만 아니라, 욕심 또한 끝없이 증폭되어 가고 있다.

게다가 정서는 메말라 가고 서로 간 불신과 반목과 대립은 더욱 가중되어 가고, 빈부의 차이와 소외계층의 심각한 갈등이 날로 심각해져 간다. 이렇게 물질문화의 부작용이 증폭되는 것을 우려하면서도 사람들은 우선 편리하고 달콤한 쪽에 휩쓸려 무작정 거기에 편승해 갈 따름이다.

이러다 보니 정신적 문화는 물론이거니와 전통문화의 가치는 흐려질 대로 흐려졌고, 개인의 독특한 개성도 주체성 없이 타성에 젖어 변질되고 있다. 뿐만 아니라 환경오염, 자원낭비, 사회적 불평등이 가중되어 지금 눈앞에 드러나고 있는 인식의 편향과 불평등한 사회문제가 두드러지고 있다.

이런 변곡점에서, 무분별한 물질문화의 역류와 인식의 착오를 어떻게 막을 수 있겠는가. 지구가 황폐해지고 극도의 위기에 다달았는데도 이에 대한 대책은 생각하지 않고 그대로 욕망의 질주를 거듭하고 있다. 눈만 뜨면 먹고 버리고, 파괴하는데 급급할 뿐, 조금도 늦추거나 멈추려 하지 않는다.

요즘 종교인들도 제 역할을 다하지 못하고 있다. 실상 종교도 어느 땐가부터 오염되고 말았다. 종교가 마음을 청정하게 바로잡아주고, 바른길로 유도하는 의지처가 되어 왔고, 힘들 때 버팀목이 되어 왔으나 그 책임을 다하지 못하고 있다.

겉으로는 앞서 행동하고 실천하고 봉사하는 사람들로 보이지만, 이해타산과 개인 욕심이 상당히 강해졌다. 이제 어떻게 해야 할 것인가? 답은 너나 할 것 없이 '각성覺醒'뿐이다.

지금부터라도 나뿐만 아니라 우리 모두 각성을 하여 모두 평화롭게 쾌적한 환경과 신성한 삶의 터전을 가꾸는데 힘을 모아야 할 것 같다.

아흔세번째날 **있으면 있는대로 없으면 없는대로**

출가하기는 어려운 일이다. 집에 살기는 괴로운 일이다.
함께 살아 이익을 같이하기 어렵고 가난의 괴로움 속에 살기도 어렵다.
그렇다면 어찌 스스로 힘 쓰겠는가.

〈법구경〉

세상 산다는 것이 어찌 가볍고 쉽다고 하겠는가. 그렇다고 사는 게 또 뭐가 그렇게 어렵다고 하겠는가.

세속 싫어 떠나는 마음 어떤 마음이고, 출가해서 살아도 마음 편하지 않다면 이 또한 어찌 된 영문인가. 추우면 추워 못 살겠다고 하고, 더우면 더워 못 살겠다고 하니 그 마음 어떤 마음이란 말인가.

그러나 아무리 어려움 속에서도 살아남는 사람은 살아남고, 하찮은 어려움에도 견뎌내지 못하고 허무하게 죽어가는 사람들도 있다. 길바닥 질경이처럼 밟아도 밟아도 꿋꿋하게 사는 사람이 있다. 죽고 사는 것을 '운명'과 '숙명'으로 해석하려 들지만 그것만은 아니다. 의지력과 정신력에 문제가 있을 수 있다.

삶에 확고한 주관과 긍정적인 마인드Mind가 있다면 절대 삶을 포기하거나, 생존경쟁에서 뒤처지지 않는다.

영국의 두뇌학자 부잔T.Buzan은 1970년대 초, 두뇌 활동의 핵심인 개념들을 모아 통합하여 진취적인 생활 방식인 '마인드 맵 기법mindmapping'을 개발하였다.

그는 삶의 중심으로 거미줄처럼 사고가 파생되고 확장되어 가는 과정을 확인하고, 마음속에 지도를 그리듯이 마음의 흐름을 잘 정리하여 삶의 방법을 정리하였다.

불가의 수행 중 '위빠사나사띠Vipassana sati'도 이와 동일하다. 자기 마음에 집중 마음의 흐름을 관찰하여 긍정적인 마인드를 창출한다.

마음 다스림이다. '어떻게 살 것이가?' 이 또한 마음 다스림이다. 어떻게 사느냐?는 방향 설정이 대단히 중요하다. 어렵게 생각하면 한없이 어렵다.

요즘 인기가수 이태호가 부른 〈사는 동안〉 노래 가사처럼 "있으면 있는대로 없으면 없는대로 내 몫만큼 살았습니다"와 같이 살면 무슨 어려움이 있겠는가. 그런데도 마음이 늘 괴롭고 불편하다면 어찌하겠는가. 어느 곳에 가야 마음 편하게 고통없이 살 수 있을까? 망설여진다면, 이곳저곳 기웃거릴 것 없이 지금 당장 천당이나 극락에 찾아가면 될 것 같다.

아뿔싸! 그곳에 가는 차표가 매진되었다면, 어머니 뱃속으로 다시 들어가 다시는 세상 밖으로 나오지 않으면 될 것도 같다.

아흔네번째날 **하늘이 지켜보고 있는데**

허공에는 새의 발자국이 없고, 사문에게는 다른 뜻이 없다.
세상은 모두 항상 됨이 없지만 부처님은 항상 계신다.

〈법구경〉

눈을 들어 가을 청명한 하늘을 보라! 얼마나 시원하고 아름다운가. 우리는 삶에 지쳤을 때 가끔 눈을 들어 해맑은 하늘을 쳐다보며 시름을 달래기도 하고, 때로는 소원을 빌고 원망도 해본다. 저 하늘에 누가 있길래, 하늘에는 인간을 다스리는 눈이 있거나, 능력이 있다는 말인가.

맹자가 이르기를 "순천자順天者는 흥興하고 역천자逆天者는 망亡한다"라고 했다. 이 말은, 하늘 이치에 순응하는 사람은 모든 일이 잘 풀리고, 하늘 이치를 거스르는 자는 모든 일이 순조롭지 않다는 뜻이다.

또, 천조자조天助自助라 하여 "하늘은 돕는 자를 돕는다"라고 했고, "하늘을 두고 맹세를 한다"라는 말도 자기의 뜻을 확고하게 주장할 때 쓰는 용어이다.

이렇게 본다면 분명 하늘에는 눈에 보이지 않은 실체가 있거나 누구도 거부할 수 없는 절대적 힘이 있어, 선인에게 복을 주고 악인에게 벌을 준다는 논리가 성립될 듯하다. 또 "태산이 높다 한들 하늘 아래 뫼이로다"라는 말과 같이 인간은 하늘 아래 아주 작은 티끌에 지나지 않는다는 사실이 너무도 당연하다.

그리고 인간이 인간으로서 어떤 주장을 내세워 본들 당연성을 주장하기 어렵고, ”하늘의 뜻대로 하소서“라는 말과 같이 하늘의 뜻에 맡길 수밖에 없다는 것으로 결론지어진다.

한편 인간 세상 억겁을 통하여 변천하는 모든 실상 하나하나 아카식 레코드 Akashic records*에 기록되고 있다는 과학적 분석처럼, 미물의 숨소리, 움직임 하나까지도 하늘이 이를 지켜보고 있다는 것이 신비적이긴 하지만 한편으로는 수긍이 가기도 하다. 하여 "인간은 속여도 하늘은 속일 수 없다"라는 말이 여기서 나왔을 성싶다. 때문에 우리 삶에 있어서 허튼수작이나 가식, 조작이 통용된다고 생각하는 것은 너무도 어리석은 일이리라. 그래 하늘을 우러러 부끄럼 없이 살아야 하지 않겠는가.

하늘은 바람에 실려 가는 구름과 친구가 되고,
새들에게 자유스러운 놀이터를 내주고 있다.
하늘은 넓은 가슴으로 모든 존재들을 감싸주고 있다.
인간에게 의지처가 되고, 절대적 생명의 구원 처가 되고 있다.
지구촌 모든 존재들은 하늘의 기운을 받지 않고는 살 수 없다.
그래 하늘을 두고 누가 누구를 속인다는 말인가.
하늘을 두고 누가 누구를 업신여긴다는 말인가.
하늘을 두고 누가 잘났고 누가 못났다 평가한다는 말인가.
하늘은 어제나 한결같이 미동도 없이 묵묵히 우리 삶을 지켜보고 있는데.

「하늘을 우러러보다」
일취 생각 글 중에

---

* 아카식 레코드(Akashic Records): 고대 신비주의와 영성적 전통에서 유래된 개념으로, 우주의 모든 사건, 생각, 감정, 경험 등이 기록된 보편적이고 영적인 데이터베이스를 의미한다.

아흔다섯번째날 **감정을 잘 다스리는 일**

모든 감관을 제어하지 않고 먹고 마시는 데에 절도가 없고 게으르며,
감각적인 일들만 골똘히 생각하며 살아가는 사람들은,
바람이 약한 나무를 넘어뜨리듯 악마가 그를 쓰러뜨리리.

〈법구경〉

사람의 감각기관의 활동은 무량무변無量無邊하다. 감각感覺, sense이라 함은, 인간을 포함하여 모든 동물과 생물이 신체의 외부나 내부의 환경 변화와 상황을 감지하여 이를 대뇌에게 전달하는 것. 또는 그러한 능력을 말한다.

더 구체적으로 논한다면, 눈眼, 코耳, 귀鼻, 입舌, 피부身를 5관五官이라고 하는 감각기관이 오경五境: 색(色), 성(聲), 향(香), 미(味), 촉(觸)을 대상으로 감지를 한 뒤 이를 뉴런neuron*을 통해 뇌와 척수 등의 중추신경에 전달하며, 뇌에서 그 자극을 인식하고 어떤 자극인지 분별하고 느끼게 하는 것을 말한다.

사람의 몸은 이러한 감각을 통해 의사 표시를 하게 되는데, 각자 행동 표현방식이 다를 수 있으며, 개성과 취향이 다를 수 있다. 때문에 삶의 방식도 개인 감각에 따라 천차만별 다를 수 있다.

감각기관에서 양산되는 현상을 살펴보면, 부드럽고 거칠고, 차고 덥고, 즐겁고 괴롭고 등의 감정들이 유발된다. 이와같이 감각기관에서 발생되는 모든 것들은 차별화될 수밖에 없다. 게다가 갈애渴愛, 목마르게 애착함라고 하여 끝없는 욕망을 연출한다. 그리고 희로애락喜怒哀樂을 만들어 낸다.

* 뉴런(neuron): 신경계의 단위로 자극과 흥분을 전달한다. 신경세포체(soma)와 동일한 의미로 사용하기도 하고, 신경세포체와 거기서 나온 돌기를 합친 개념으로 사용하기도 한다

이러한 감각을 생기는 그대로 받아들인다면 삶이 혼란스러워 감당하기 힘들다. 그래서 그 감정을 제어할 수 있는 브레이크가 꼭 필요하다. 더 한 가지 빼놓을 수 없는 것은 감각기관을 통해서 얻어지는 정보는 아뢰아식[**]에 낱낱이 저장되는데 그 정보는 다음 생까지 이어진다. 인간의 감각작용은 잠들어 있을 때도 작동되지만, 결과가 발생되지 않고, 잠에서 깨어나기가 무섭게 모든 현상들이 적나라하게 나타나는데, 그 결과 감각기관을 통해서 표면적으로 느낄 수 있는 다양한 현상들이 펼쳐진다.

이렇게 감각이라는 것은, 살아있는 모든 존재들에게 대단히 중요한 기관이라 할 수 있기에 이를 깊이 생각하여 감정 관리에 신경 쓰지 않으면 안 된다. 감정을 잘 다스리는 것이야말로 사람이 살아가는데 무엇보다 중요한 것이라 해야 할 것 같다.

** 아뢰아식: 팔식의 하나. 일체 법의 종자(種子)를 갈무리하고 일으키는 근본 심리 작용.

아흔여섯번째날 **아무리 급해도 돌아가라**

지혜로운 이들은 정념으로 게으름을 정복하며, 생사의 슬픔에서 멀리멀리 벗어나
드높은 반야의 봉우리에 홀로 우뚝 서나니 근심과 슬픔에 빠져 허덕이는 중생을 굽어본다.
마치 높은 산 정상에 오른 사람이 산 아래 정처 없이 헤매는 뭇사람을 굽어보듯…

〈법구경〉

요즘 명상수행들을 많이 하고 있다. 마음 챙김의 수련이다.

그중에 1979년 존 카진이 개발한 '마인드풀니스Mindfullness'는 정신적 건강과 웰빙을 증진시키기 위한 방법으로 사용되어 왔는데 이는 본래 불교 명상에서 비롯된 개념이다. 특히 사티Sati라는 팔리어에서 유래되었으며, 주로 스트레스 감소, 정서 조절, 주의력 향상 등 심리적 안정의 목적으로 활용되어 왔다.

그보다 이전, 명상 수행은 초기불교에서 실천해 온 위빠사나를 들 수 있다. 마음 집중을 통하여 마음을 정화하고 깨달음을 지향하는 명상법이다. 위빠사나 수행의 근본은 사량 분별과 삿된 생각을 버리고 항상 대도정법大道正法을 향해 집중 것을 말한다.

이 가운데 중요한 것은 정념正念이다. 정념을 한역하면 '바른 생각'이다. 사실 바른 생각이란 누구나 놓쳐서는 안 될 중요한 마음가짐이지만, 우리가 살다 보면 집중력이 떨어지고, 순간순간 마음이 흐트러질 때가 많다. 그러다 보니 실수도 잦아지고, 중요한 일을 그르치고 만다.

이런 생각 속에, 요즘 사람들은 뭐가 그렇게 바쁜지, "뒤볼 시간도 없이 산다"라고들 한다. 소위 별 보고 출근하여 별 보고 퇴근하는 분주한 생활이기도 하다. 그래서일까. 마음에 여유가 없어 집중도 안 되고, 마음이 산란하다고들 한다. 그보다 이웃과도 소통이 단절되다 보니 자연적 인심도 각박해져 가고,활기를 잃어가고 있다.

옛말에 "아무리 급해도 돌아가라"라는 말이 있다. 이럴 때일수록 마음을 가다듬고 여유를 찾는 시간이 필요하다. 하루 한 번 정도는 자기 자신을 되돌아보는 시간이 필요할 것 같다.

자기를 돌아보는 시간이야말로 자기 자신을 위한 최선의 배려이다. 자기를 되돌아보는 순간, 닫친 마음의 문이 열리고 새로운 발상이 떠오른다. 자기를 외면한 어두운 마음 구석에 생기의 기운이 생겨난다.

이것이야말로 정념을 실천하는 순간이다. 정념은 불안하고 산란한 마음이 사라지고 평정을 되찾아 고요하고, 평화로운 안도의 마음자리로 이끌어주는 중요한 시간이 되어줄 것이다.

마음이 어지러우면 아무것도 안 된다. 항상 성성적적惺惺寂寂 깨어 있어야 하겠다.

단, 한 번밖에 없는 인생 어떻게 살 것인가

자기를 사랑하고 남을 경멸하여, 자만심으로 비굴해진 자, 이는 천한 자임을 알라.
날 때부터 천한 자가 되는 것이 아니며, 날 때부터 바라문이 되는 것이 아니다.
행위에 의해 천한 자도 되며, 행위에 의해 바라문도 되는 것이다.

〈숫타니파아타〉

인도에는 카이스트 제도라는 사성계급이 있다. 기원전 1500년경 아리아인 유목 민족이 인도를 점령하면서 생긴 제도이다. 이를 '베다 시대'라고 하는데 지식인 계급(브라만), 무사 계급(크샤트리아), 생산 계급(바이샤), 노동 계급(수드라)이라는 사성계급이 발생되었다. 거기다가 불가촉천민이라 하여 제일 하위 계급이 추가되어 신분에 따라 차등적 사회의 기능이 적용되어 지금까지 흘러오고 있다.

2600년 당시 사성계급의 엄격한 시대에 붓다는 "사람은 날 때부터 천한 자가 되는 것이 아니며, 날 때부터 바라문이 되는 것이 아니다"라는 혁명적인 사상을 설파했다. 이같이 신분에 따라 계급이 정해진 동기는 인도에 아리아인이 정복하면서 인도인들을 통치하기 위한 수단으로 가설적 계급을 설정한 것이 틀림없다.

그런데도 지금까지 그 제도가 사라지지 않고 있다는 것은 참으로 역겨운 일이다. 계급주의는 인도뿐만 아니다. 천민과 귀족은 유럽에서도 심했고, 우리나라에서도 양반과 상놈이란 차등적 제도가 상당 기간 잠식해 왔었다. 이것은 누가 뭐래도 권위자들의 힘의 논리이고, 권력의 폐습이다. 하여 붓다는 '천상천하유아위존天上天下唯我爲尊', "하늘 위 하늘 아래 오직 내가 존귀하다"라고 설파하셨다. 사람은 누구나 할 것 없이 모두 존귀하다는 뜻이다. 붓다 재세 당시 엄격한 사성계급을 무너뜨리는 폭탄선언이었다.

그런데도 사람들은 아직까지 혈통을 따지고, 권력을 따지며 빈부의 차이에 따라 분별 차별을 일으키고 있으니 정말 한심한 노릇이다. 인간이 천한 사람이 되고, 귀한 사람이 될 수 있는 것은 각자 행위에 따라 적용되는 것이 올바른 답이다.

돈 많고 권력을 가졌다고 해서 짐승만도 못하게 산다면 그 사람이야말로 천박할 수밖에 없고, 가난하더라도 세상 풍진에 물들지 않고, 청렴하게 산다고 한다면 그 사람이 바로 귀한 사람이라 할 수 있다.

단, 한 번밖에 없는 인생, 천한 사람으로 살다 갈 것인가, 고귀한 사람으로 살다 갈 것인가. 한 번쯤 가슴에 손을 얹고 사유해 볼 일이다.

아흔여덟번째날 **마음의 병을 없애는 길**

자기 마음에 드는 것에 집착하지 않아야 할 것이니 이것은 탐심을 끊어 버리기 위함이다. 자기 마음에 거슬리는 것에 성내지 않아야 할 것이니 이것은 진심을 없애기 위함이다. 어리석은 말에 집착하지 않아야 할 것이니 이것은 치심을 끊기 위함이다. 수행은 집착하지 않고 동요하지 않는 지혜의 연마이다.

〈잡아함경〉

세상 사람들이 모두가 탐진치貪瞋癡 즉 탐욕貪欲, 그칠 줄 모르는 욕심과 진에瞋恚, 노여움와 우치愚癡, 어리석음가 없다면, 말할 것도 없이 평화롭고, 청정한 세상일 수밖에 없다. 또한 지옥이 없는 극락세계라 말할 수 있을 것도 같다.

그러나 탐진치는 인간 마음속에 없애려야 없앨 수 없는 마음작용이다. 본래 인간의 성품 중 하나이다. 탐진치는 인간의 마음속에 항상 도사리고 있다가 어느 때는 신출귀물처럼 나타나 기쁨과 만족을 주기도 하지만 때로는 욕심과 분노와 어리석음을 주는 정체불명의 폭군이 되기도 한다.

이러한 폭군을 어떻게 다스리느냐는 각자 본인 마음에 달려 있다. 탐진치를 잘 다스리고, 잘못 다스리냐의 차이에 따라 웃기도 하고 울기도 한다. 또한 선인이 되기도 하고, 악인이 되기도 한다.

탐진치는 우리의 정신세계에서 순간순간 얼굴을 바꾸어 가며 희로애락喜怒哀樂을 관장하고 있다. 그래서 어느 누구도 그 마음 작용을 멈추기 힘들뿐더러, 다스리기도 어렵다고 한다. 때문에 마음이 끌려가는 대로 그냥 내버려두고 있다. 그때그때 마음이 허락하는 대로 따라갈 뿐이다.

그래서일까, 사람들은 줏대 없는 마음을 올바르게 다스리기 위해 참선參禪이란 방법을 실행해 보고 갖가지 수행도 해본다. 마음 다스리는 데는 참선과 수행은 꼭 필요한 부분이다. 내 마음이 어떻게 어디로 튈지 모르니 그것을 잘 붙잡아야 한다. 욕심은 끝이 없고, 성냄도 어느 때 폭군으로 돌변할지 모르고, 어리석은 생각은 언제 어느 때 문제를 일으킬지 내 마음 어떻게 알 것인가.

다만 내가 내 마음을 달래다 보면 온순한 망아지처럼 순종한다는 것을 알고 있다. 마음의 평화란 사실 먼 데 있는 것이 아니요, 어렵게 얻어지는 것도 아니다. 순간순간 탐진치가 마음을 어지럽힐 때, 그때를 놓치지 말고, 그대로 받아들일 것인가.

적당한 선에서 협상을 할 것인가. 아니면 탐진치를 아예 끊어버릴 것인가 명확해야 한다. 그에 따라 분명 극락과 지옥이 결정될 것이다.

아흔아홉번째날 **비움이란 이처럼 가벼운 것을**

보라! 아름답게 꾸며진 형상 상처투성이로 세워진 몸. 고통스럽고 망상으로 가득 찬 환상들. 영원하지도 않고 견고하지도 않다. 이 형상은 마침내 노쇠하고 질병의 침입으로 쉽게 부서진다. 이 부패한 축적물은 마침내 파괴된다. 막을 수 없는 죽음으로 종말을 맞이한다. 참으로 가을 길가에 버려진 바가지처럼 회백색의 해골이 되어 거리에 나뒹굴고 있다. 그것을 보고 내가 어찌 기뻐하겠는가.

〈법구경〉

사람들은 누구나 늙지 않고 영원히 행복하게 살고 싶어 한다.

인명은 재천이라 했고, 가는 세월 막을 수 없다고 했다. 아무리 오래 살려고 발버둥 친다 한들 100세를 어찌 장담하겠는가. 감이 익기도 전, "땡감이 먼저 떨어진다"고 했으니, 자기가 아무리 오래 살려고 해도 그 생각은 그 사람 희망 사항일 뿐이다. 그런데도 TV나 인터넷 방송에서 소개되는 건강식품들이 판매율 1위를 차지하고 있다.

이같이 좋은 세상, 건강하게 오랫동안 즐기고 싶은 마음 누구인들 거부하겠냐만, 돈 있고 권력 있으면 모든 것이 해결되고 생로병사마저 해결할 수 있다고 큰소리치고 있으나, 기필코 오고야 마는, 늙고 병들고 마지막 죽음으로 가는 것을 어찌 막을 수 있다는 말인가.

살아생전 꿈같은 세상을 살면서 모든 것이 내 것인 양 욕심부리고 살다가 어느 날 갑자기 저세상으로 떠난다면 내가 아끼고 두 손에 꼭 쥐고 있었던 보물들은 어찌해야 한단 말인가. 모든 것 내 것도 네 것도 없는 공空으로 돌아가는데 말이다.

나옹 선사는 이렇게 노래했다.

> 버려라 훨훨 벗어 버려라 훨훨
> 탐욕도 성냄도, 미움도 사랑도 모두 버려라 훨훨 훨
> 물같이 바람같이 살다 가라 하네

따지고 보면 내 것이라 할 것이 하나도 없다. 살아생전 잠시 빌려 쓰다 목숨이 다하면 모든 것 다 놓고 가야 한다. 벗어버리고, 가볍게 훨훨 떠난다는 것이 너무나 지당한 말이다.

그런데도. 죽음 직전까지 애착을 끊지 못하고 괴로워해서 되겠는가. 사랑도, 미련도, 괴로움도, 얽매임도 물같이 바람같이 흩어져 버릴 것을, 아침 창문을 여니 파랗게 빈 하늘이 너무도 시원하다.

비움이란 이처럼 가벼운 것을.

백번째날 무엇을 배우고 읽혀야 하는가

만일 사람이 잘 길든 말처럼 욕심을 따르는 감관感官을 억제해서
교만한 마음의 더러움을 다 물리친다면, 모든 천신도 그를 공경하나니.

〈법구경〉

지금 풍족하다고 해서 영원히 풍족하겠는가. 지금 잠시 편안하고 행복하다고 그 마음이 어제까지 유지되겠는가. 지금 현재 내 마음은 탐심과 욕심으로 가득 차 있는데, 허세와 교만한 마음이 하늘을 찌르고 있는데, 어떻게 편안하고 행복할 수 있겠는가.

마음의 평화란 내 마음에 탐심과 분노와 이기심이 있고서는 편안과 평화를 얻기 힘들다. 지속되는 번뇌와 괴로움에 쌓여 결코 마음의 자유를 이루기 힘들 것이다.

힘든 일을 두려워하지 마라. 배움을 멀리하지 마라.
인생의 참맛은 책으로 배우는 것이 아니고 체험으로 터득하는 것이다.
체험은 가만히 앉아 터득하는 것이 아니라,
몸소 뛰면서, 부딪치면서, 어려움을 딛고 올라서야만 터득되는 것이다.

반세기 이전, 기근에 시달리며 살았던 사람들의 체험은 비록 빈곤했을지라도 현재는 영광의 열매를 얻었다. 그러나 문물이 넘쳐나면서 그 영광의 열매들이 차츰 부패해가고 있다. 소중한 체험의 가치가 헐겁게 허물어지고 있다. 몸소 체험의 가치가 아닌 가식과 조작의 산물이나 욕망의 가공품으로 변질되어 가고 있다. 삶의 진실과 인생의 참맛을 모르는 가공 인간을 양산해 가고 있다.

요즘 신세대들은 부모가 이룩해놓은 바탕 위에서 어려움을 극복하지 않고 편한 것만 취하다 보니, 만족을 모르고 항상 마음의 빈곤에 찌들어 있다.『명심보감』계선편에 이런 말이 있다.

황금을 쌓아서 지손에게 물려주어도 지손이 그 황금을 다 지켜내지는 못할 것이요.

책을 눈앞에 가져다 놓아도 그 책을 다 읽어내지는 못할 것이다.

可馬溫公日 植仝以造子孫 未必子孫 能盡守 植書以直子孫 未必子孫

라고 했다. 자식을 위한다고 많은 책을 물려주어도 자식이 그 책들을 다 읽지 못하고, 많은 돈을 물려주어도 지켜내지 못한다는 뜻이다.

그러므로 진정 자식을 사랑하는 마음이라면, 책을 읽는 습관과 검소한 습관과 노력하는 습관을 물려주어야 하며, 스스로 체험하고, 스스로 읽히는 것을 가르쳐 주어야 할 것이다.

유대인의 격언 중에 "고기를 잡아주지 말고 고기를 잡는 법을 가르쳐 주어라. 돈 빌려주는 것은 거절해도 좋지만, 책 빌려주기를 거절해서는 안 된다. 만약 책과 돈이 동시에 땅에 떨어져 있다면 책부터 먼저 집어 올려라"라고 했다.

가르침은 바르고 올바라야 한다. 하여 무엇보다 중요한 것은 가르치는 사람이 올바라야 하기 때문에 당신 또한 배우고 읽히는 것을 등한시 해서는 아니된다.

연꽃 속에 진주

제11부

"자기를 사랑하거든 하루 세 때 가운데 한 번만이라도 자기를 살펴보아라"라고 하였다.
그런데도 "바쁜 세상에 자기를 돌아볼 시간이 어디 있느냐"라고
가볍게 생각하거나, 소중한 자기를 돌보는데 등한시하는 경향이 적지 않다.
그런 다음 후회와 비관의 화살이 자기 가슴 깊숙이 꽂히고 있다.

백한번째날 **환생의 기쁨을 얻을 수 있을까**

이제 마른 잎 같은 너의 몸이다. 염마閻魔의 사자가 네 곁에 왔다.
너는 이제 황천의 문턱에 섰다. 그러나 너에게는 노자勞資도 없구나.

〈법구경〉

우리 이웃에 혹은 실버타운이나 요양병원에 가보면 마른 나무 같은 몰골로 죽음을 기다리는 노인들을 흔하게 볼 수 있다.

태어났으니까 당연히 찾아오는 늙고 병든다는 것. 그리고 죽음으로 향한다는 것, 지극히 자연스러운 사실이건만 하루라도 더 목숨을 더 연명해 보기 위해서 안간힘을 쓰는 것을 보면 안타깝기 그지없다.

적적한 밤 조용히 가슴에 손을 얹고 죽음을 생각해 보아라. 내가 만약 지금 갑자기 죽는다면. 내 곁에 사랑하는 사람, 지금까지 뼈빠지게 모아놓은 재산, 어찌하라는 말인가. 나는 새도 떨어뜨릴 수 있는 권력과 힘을 가지고 있는 사람은 그걸 어찌 놓고 간다는 말인가 하고 한탄할 것이며, 건강하고 자유로운 사람이라면 분명 아직 내가 할 일이 너무나 많은데 이렇게 젊은 나이에 간다는 것은 너무나 억울하고 원통하다 할 것이다.

그리스 신화에서 죽음을 거부하며 신을 조롱하다가 가장 무서운 형벌을 받은 사람이 있다. 프랑스 알베르 카뮈가 삶의 부조리를 보여주기 위해 쓴 책 『페스트』 속의 주인공 시지포스를 말한다.

"자살, 희망, 반항 중 무엇을 고를 건가? 자살은 스스로의 삶에서 도망치는 것이다."

죽는 그날까지 포기하지 말고 희망을 가지라는 메시지이다. 죽음을 생각에 따라 단멸斷滅이라고 주장하는 사람들도 있지만 그렇지만은 않다. 인간의 죽음은 끝이 아니라 죽음 뒤에는 환생還生이란 문을 열어두고 있기 때문이다. 진정 환생이 확실하다고 한다면 죽음이 두렵거나 이생에 미련을 가질 이유조차 없다.

그렇다면 환생이란 있다는 말인가? 티베트에서 달라이라마를 대상으로 환생을 주장해 왔고, 각종 설화나 일부 종교에서 환생설에 비추어 보면, 신비적이고 형이상학적이긴 하지만 믿어볼 만하다.

환생은 다양한 문화와 종교를 넘어 수 세기 동안 논의되어 온 사상이다. 죽은 후에 영혼이 새로운 몸을 받아 다시 태어나는 것이나, 극락이나 천국에 때어나 영생한다는 것이나 환생은 언제 들어도 매혹적일 수밖에 없다. 개신교에서는 천국에 가서 영생한다는 주장이 있는가 하면, 불교나 힌두교에선 사람이 죽은 뒤에 새로운 몸으로 다시 태어난다고 주장하고 있다.

그러나 환생이란 학설이 나오기 이전, B.C 3500년 전 이집트 피라미드에서 그 증거를 찾아볼 수 있다. 피라미드 속에서 발굴된 미라는 환생의 확신을 담은 보존 그 자체였다. 그리고 죽음이란 의문, 죽음 뒤에 오는 불안과 허무함을 위안하는 해답이었다.

이렇게 환생은 생자生者에게는 생전의 미련을 가볍게 정리할 수 있는 방법이기도 하지만, 죽음을 앞둔 자에게는 사후 세계의 기대와 희망을 갖게 하는 수단이 될 수 있기 때문에 환생을 부정하는 것보다 믿는 편이 훨씬 마음이 가벼울 것 같다.

백두번째날 갈애에 끌려다니지 않는 평온한 삶

갈애로부터 걱정이 생기고, 갈애로부터 두려움이 생긴다.
갈애가 없는 곳에 걱정이 없나니 또 어디에 두려움이 있겠는가?

〈법구경〉

갈애渴愛란, 팔리어로 'tanhā'라고 한다. 목이 말라 애타게 물을 찾듯이, 탐내는 마음이 그칠 줄 모르고, 집착執着과 애욕愛慾이 불타오르는 것을 말한다.

다시 말해서, 범부*가 삼독三毒, 탐, 진, 치과 오욕五慾, 식욕(食慾)·색욕(色慾)·재물욕·명예욕·수면욕에 집착하는 것을, 사막에서 목이 말라 애타게 물을 찾아 헤매는 현상을 비유하여 '갈애'라고 표현을 한다.

갈애는 마음속에 숨어 있으면서 어느 때고 나타나 강렬하게 작용하면서, 욕심과 욕망을 부축인다. 또한 갈애는 번뇌와 망상을 일으켜 분별을 흐리게 하고, 정신을 어지럽게 하여 마침내 진기津氣를 마르게 하여 병고에 시달리게 한다.

갈애는 끈질기게 마음속에 기생하면서 끝없는 욕망을 일으키다가 생을 마감할 때야 비로소 마음에서 떠나게 된다. 갈애는 괴로움의 원인이고, 갈애 때문에 분노와 저주와 다툼이 발생되어 살아생전 항상 마음 편할 날이 없다. 사람들은 갈애가 직접 나에게 번뇌와 괴로움을 주고 있는데도 이를 방관한 체 마음은 다른 곳을 향한다.

이러한 갈애는 정체성을 모를뿐더러 관심을 가지지 않는다. 자기의 불찰이 갈애에서 발생된다는 것을 모르고, 조상 탓을 하거나 남의 탓으로 돌리고 있다.

---

* 범부(凡夫): 견도(見道) 이전으로 올바른 이치를 깨닫지 못한 사람. 곧 지혜가 얕고 우둔한 중생을 말함.

하여 갈애는 마음속에서 더욱 강한 힘을 얻어 날뛰게 된다. 갈애를 자재하는 것은 수행뿐이다. 수행으로 갈애의 움직임을 보아야 한다. 수행은 내 마음에 갈애를 찾아 불길같이 타오르는 갈애를 진정시키는 일이다.

조용히 눈을 감고 갈애가 어떻게 움직이는가를 살펴보아라. 갈애를 잠재우지 못하면 항상 괴롭다. 갈애를 잠재우는 수행을 일러 '사마타samatha'라고 하는데, 지적止寂, 등관等觀이라고도 하며, 지止,samatha와 관觀,vipassana을 병칭하여 '지관止觀'** 이라고 한다. 쉼 없는 지관 수행은 갈애를 잠재울 수 있다.

이제 원인 모를 괴로움에 시달리지 말고 지관 수행을 통하여 갈애를 지켜보고, 더 이상 갈애에 끌려다니지 않는 평온한 삶, 대 자유인이 되었으면 한다.

** 지관(止觀): 마음을 고요히 하여 진리의 실상을 관찰하는 수행법, 지관에서 지(止)란 정신을 집중하여 마음을 고요하게 하는 수행을 말하며, 관(觀)은 있는 그대로의 진리인 실상을 관찰하는 것.

백세번째날 사랑 다운 사랑을 아는가

사랑하는 사람을 두지 말고, 미워하는 사람도 두지 말라.
사랑하는 사람을 못 보면 근심하고, 미워하는 사람을 보면 근심스럽다.
그러므로 사랑을 짓지 말라. 사랑으로 말미암아 미움이 생기나니,
이미 그 얽매임을 벗어난 사람은 사랑할 것도 미워할 것도 없나니라.

〈법구경〉

우리 언어 중에 사랑이란 말처럼 친근하고, 포근하고, 마음 짜릿한 단어가 또 있을까.

그런 매력 때문일까, 우리 생활 속에서나 노랫말 속에 사랑이란 단어는 약방에 감초처럼 수도 없이 들어가 있다. "사랑에 웃고 사랑에 운다"라는 말이든가, "이렇게 사랑이 괴로울 줄 알았다면… 사랑만은 않겠어요"라든가. "사랑은 아무나 하나 눈이라도 마주쳐야지" 등 노랫말만 해도 무수하다.

그런데 사랑은 기곡奇曲이 심하여 끈질기기도 하지만, 단칼에 무우가 잘리듯 단명하는 경우도 허다하다. 어떤 금실 좋은 부부가 있는데, 그들의 말은, "오래 살다 보니 사랑보다는 지금까지 살아온 정(미운 정, 고운 정)으로 산다"라고 했다.

그렇지만 한시도 떨어져서 살 수 없고, 하루라도 못 보면 살 수 없다는 풋사과 같은 신혼의 사랑이 있는가 하면, 10년을 사귀다 결혼을 했는데 단, 한 달도 못가 이혼한 사례들이 있다.

진정한 사랑이 무엇인가? 이주호가 들려주는 〈사랑으로〉 노래를 들어보자.

내가 살아가는 동안에 할 일이 또 하나 있지
바람 부는 벌판에 서 있어도 나는 외롭지 않아
그러나 솔잎 하나 떨어지면 눈물 따라 흐르고
우리 타는 가슴 가슴마다 햇살은 다시 떠오르네
아~아 영원히 변치 않을 우리들의 사랑으로
어두운 곳에 손을 내밀어 밝혀 주리라…

사랑은 연인들의 사랑뿐만이 아니다. 세상 곳곳 어디에 가나 포근하고 따뜻한 사랑 이야기들이 넘쳐나고 있다.

사실 우리 사회에 만약 사랑이 없다면 얼마나 무미건조하고 살벌하겠는가. 또 부부든 친구든 이웃이든 사랑이 식어버린다면 이 또한 얼마나 불편하고 서먹서먹하겠는가. 이처럼 사랑에는 자석처럼 보이지 않은 미묘한 힘과 언 가슴을 녹여주는 친화력이 있다 하겠다.

이와 반면 어느 날 갑자기 마음이 변하면, 사랑이 미움으로, 저주와 원망으로 돌변해버리니 이를 어찌하겠는가. 이는 사랑 다운 사랑을 할 줄 모르기 때문이리라.

사랑도 사랑 다운 사랑을 안 후에 사랑을 해야 할 것 같다.

백네번째날 **망상을 떠나 만족을 안다면**

병이 없는 것이 제일 가는 이익이요, 만족할 줄 아는 것이 제일가는 부자이며,
가족이 제일 가는 벗이고, 고요함이 제일가는 즐거움이다.

〈법집요송경〉*

만약 천수를 누린다 해도 병고病苦에 시달리며 천수千壽를 누리면 무엇하겠는가.
지금 내가 천만금을 가지고 있다고 해도
날이 날마다 걱정과 근심 속에 있다면 무엇하겠는가.
만약 누구 하나 마음 터놓고 이야기할 수 있는 벗도 없고 의지할 곳 없이
홀로 외롭게 살아간다면 무슨 말로 인생을 논할 것인가.
병고액난 잠재우고 벗 따라 강남 가리.

「일취 생각」 수필 중에

그렇다. 세상 사는 일이 마음과 뜻대로 다 이루어지기란 어렵다.

그러나 세상을 살아가자면, 무엇보다 건강하고, 어느 정도 기본 재산이 있어야 하고, 서로 마음을 같이 할 든든한 벗들이 내 곁에 있다면 무엇이 어렵다고 하겠는가. 하지만 그 가운데, 세상살이가 즐거움만 연속될 수도 없고, 괴로움이 지속되는 것만은 아니리라.

---

* 법집요송경(法集要頌經): 송(宋)의 천식재(天息災)가 번역. 법구경 제4 게송을 모아서 주제별로 분류하여 엮은 경.

"삶이란 산을 오르는 것과 같다"라고 했다. 오르막길이 있으면 분명 내리막길이 있다는 말처럼 어려움과 힘든 과정 후에 오는 성취감과 희열은 무엇과도 바꿀 수 없는 보배일 것이다.

그런데 뭇사람들은 어려움과 힘든 과정을 뺀 성취와 보람을 얻고자 한다. 게다가 늙지 않고 병들지 않는 영생을 꿈꾸고 있다. 그래서 인간 세계는 그러한 심리적 약점을 이용해서 영생永生하는 천국을 만들었을 터이고, 365일 풍악이 울리고, 산해진미 음식이 넘쳐나고 고통이 없는 극락이라는 세상을 설정했을지도 모른다. 사람들은 그런 세상이 있다고들 생각한다.

그래서 그 세계에 가기 위해서 줄을 놓고 있다. 이렇게 터무니 없는 망상을 버리지 않는 한 진정한 삶의 의미를 찾기 힘들 것이다.

서 있으니 앉고 싶고, 앉으니 눕고 싶고, 눕기 바쁘게 일어서고 싶은 마음의 혼돈! 어떻게 마음의 혼돈에서 벗어날 것인가.

각자 어떤 것에도 흔들리지 않은 '마음 단속'이 필요하리라.

백다섯번째날 **분노의 독화살**

욕辱을 참아서 분노를 이기고 착함으로서 악을 이겨라. 보시를 베풀어 인색을 이기고 지성으로서 거짓을 이겨라. 분忿을 참는 것도 한계가 있는가? 그는 항상 무시를 당하고 진실과 정직도 한계가 있는가? 그는 흔히 따돌림당하고 남에게 주는 것도 한계가 있는가? 그는 거의 가난하다.

〈법구경〉

분노忿怒는 기묘한 성능을 가진 무기다. 여타 모든 무기들은 인간이 만들어 타를 공격하는 데 사용되지만, 분노라는 무기는 자기가 만들고도 자기가 공격당한다. 고고한 품위를 손상시키고, 괴로움과 번뇌에 쌓이게 한다. 때때로 자기를 살상하는 무기로 둔갑한다. 그래 분노의 무기를 잘 어루만지고 다스려야만 자기가 공격하지 않고 자기에게 굴종을 한다.

우리가 세상 살아가면 화 한번 내지 않고 살아가기란 어렵다. 사리에 어긋나는 일이 발생했을 때는 누가 먼저라고 할 것 없이 큰소리가 나가고, 삿대질이 나가는 행동들이 비일비재하다. 자기 분을 삼키지 못하고, "내가 참는 것도 한두 번이지, 이제는 더 이상 참을 수 없어"라고 하며 분노를 폭발하는 경우들은 흔한 이야기다.

분노는 누구나 지닌 성품이기도 하지만, 어쩌면 인간이 사는 모습이기도 하다. 그러나 화를 내서 해결이 잘 되는 것 하나도 없다. 결국 돌아서서 후회한다. 이성과 지성을 가질 때 분노는 돌아앉는다. 우리 마음속에는 선善한 마음과 악惡한 마음이 공존하고 있다. 분노를 일으키는 마음이 불선심[惡心]이라고 한다면, 참아내는 마음은 선심善心이다. 이 두 마음의 무기 중 어떤 무기를 더 사용하느냐에 따라 사람의 인품人品이 결정된다. 인품은 인격과 삶에 있어 대단히 중요하다.

인품이라는 것은, 배우고 못 배우고, 있고 없고, 귀하고 천하고를 떠나서 무애자재無碍自在 자연스럽게 갖추어지는 성품性品의 하나이다. 인품을 잘 갖추면 성인聖人의 경지에 들어설 수도 있다.

성인이라 함은 인간의 도리를 잘 갖추는 것도 중요하지만, 분을 잘 참아 내는 사람이라고 해야 할 것 같다. 분을 참지 못하고 도리에 어긋난 행동을 한다면, 한순간에 인품도 허물어지고, 성인으로서의 품위도 함께 허물어지고 말 것이다.

비록 가난하고, 초라하게 살지라도 세상일에 휘둘리지 않고 분을 잘 참아 낸다면, 인격자로서 덕망이 한층 높아질 것 같다.

백여섯번째날 **참교육은 어디에 있는가**

천하고 더러운 법 배우지 말라. 방일로 시간을 보내지 말라.
그릇된 사견을 가지지 말라. 세상의 악을 돕지 말라.

〈법구경〉

어느 날 묵자*는 실을 물들이는 사람을 보고 탄식하여 말하였다.

> 빨강으로 물들이면 빨간색, 노랑으로 물들이면 노색, 이렇게 물감의 차이에 따라 빛깔도 변하여, 다섯 번 손이 가면 다섯 가지 색이 되니 물들이는 일이란 참으로 조심해야 할 일이다.

고려 말 충신 정몽주 어머니 신씨가 노래한 〈백로가〉를 보면,

> 까마귀가 싸우는 곳에 백로야 가지 마라. 성난 까마귀가 흰빛을 시기할세라.
> 청강에 기껏 씻은 몸이 더럽혀질까 걱정이로구나.

사람이 어떤 것에 물든다는 것은 순식간일 수도 있고, "가랑비에 옷 젖는지 모른다"라는 옛말도 있지만 자기도 모르게 서서히 선악善惡에 물든다는 사실은 흔하게 듣는 말이다.

---

* 묵자(墨子: BC479년경 ~BC381년경) 이름은 적(翟). 제자백가의 하나인 묵가의 시조로 전국시대 초기에 활약한 사상가.

이는 천에 물 드리는 것처럼, 어떤 습習에 젖느냐에 따라 성품도 변하고 습관도 변한다고 했다. 습관이라는 것은 타고난 천성天性보다는 후천적일 수 있다. 또한 어떤 환경과 무리 속에 사느냐에 따라 물에 젖듯 사람의 행동과 습성이 몸에 배어들고, 성품 또한 물이 들게 된다.

중요한 것은, 성품이 거칠다거나 온화하게 훈습되는 것은 마땅히 자기 마음의 중심을 어디에 두느냐에 따라 습관으로 훈습되기 마련이다.

습관이라는 것은, 어려서부터 집안 환경과 가정교육을 첫째 원인으로 꼽지만, 성장 과정에서 '어디서 누구와 노느냐' '어떤 직업과 어떤 일을 하느냐'에 따라서 성품과 습관이 훈습 되는 것이 보편적이다.

그래 이미 바르지 못한 습관에 물들어 버린 다음, 그것을 돌이키려 하는 데는 참으로 어렵고 시간이 걸린다. 그래서 무엇보다 어릴 때부터 참 교육이 무엇보다 중요시하고 있다.

그런데도 요즘 부모들은 대부분 인성 교육과 정서는 뒤로 한 채 오로지 학교 성적에만 몰입하고 있다. 게다가 경쟁심까지 부추긴다. 그런 다음 자식이 돌이킬 수

없는 진흙탕에 빠진 후 난데없이 세상을 원망하고, 학교를 원망하고 친구를 잘못 만나 탓으로 돌린다.

이 모든 사실이 전적으로 부모의 어리석음과 방종 탓이라는 것을 절대 인정하지 않는다. 그래서 될 일인가.

백일곱번째날 나의 향기가 주위를 향기롭게

사람이 만일 자기를 사랑하거든 모름지기 삼가 자기를 보호하라.
지혜 있는 사람은 하루 세 때 가운데 적어도 한 번만은 자기를 살피나니.

〈법구경〉

이 세상 끝까지 같이 가자는 사람이 있을지라도,
모든 것 너를 위해 내가 다 해줄게 하는 사람에 있을지라도,
온갖 것 다 갖추어 있어 걱정할 것 하나 없다 손치더라도,
내가 나를 사랑하지 않는다면 모든 것 허무한 꿈일 게다.

「일취 생각」 글 중에

'천상천하 유아독존天上天下唯我獨尊'이란, 천지 간에 자기 자신이 가장 존귀하다는 말이다. 부모, 형제, 친구 할 것 없이, 지구상 모든 존재는 나처럼 자기만의 존귀함을 가지고 있다.

그러나 어떤 경우라도 내가 나를 사랑하지 않는다면, 그 누구도 소중한 나를 존중해 주거나 끝까지 바라봐 주는 사람을 기대하기는 어렵다. 나를 사랑하고 지켜 줄 사람은 오로지 자신밖에 없다. 이것은 인륜임과 동시에 인간사라고 해야 할 것 같다.

하여 붓다는 "사람이 만일 자기를 사랑하거든 모름지기 삼가 자기를 보호하라"라고 설파하신 것이다. 자기 자신을 진정으로 사랑하지 못하고, 학대하고, 자기 자신을 보호하지 못하는 사람이 늘어가기 때문에 삶의 악순환 속에서 헤어나지 못할 뿐만 아니라 자기를 학대하고 열등감이나 소외감으로 타인을 살상하는 경우가 늘어가고 있다.

성인들은 한결같이 "자기를 사랑하거든 하루 세 때 가운데 한 번만이라도 자기를 살펴보아라"라고 하였다.

그런데 "바쁜 세상에 자기를 돌아볼 시간이 어디 있느냐"라고 가볍게 생각하거나, 소중한 자기를 돌보는데 등한시 하는 경향이 적지 않다. 자기를 살핀다는 것은, 좀 더 멀리뛰기 위해, 좀 더 진취적이고 가치 있는 삶을 살기 위해서다. 그리고 행복하게 살기 위해서이다.

누가 소중한 나의 인생 누가 책임져 주겠는가?생각 없이 산다는 것은 너무도 어리석은 일이다. 그런 후, 누구를 원망하겠는가. 모두 자기 잘못인 것을, 자기의 불찰인 것을, 자기 사랑이란, 돈이 있고 없고, 잘났고 못났고, 명성이 있고 없고의 벽을 깨부수는 것이다.

진정 자기 자신을 사랑한다면, 외진 산길에 핀 들국 향기가 바람을 타고 온 산을 향기롭게 하는 것처럼 나만의 독특한 향기를 발산하여 세상을 향기롭게 하는 데 그 의의가 깊다.

백여덟번째날 어찌하여 등불을 찾지 않는가

무엇을 웃고 무엇을 기뻐하랴!
세상은 쉼 없이 타고 있나니, 너희들은 어둠 속에 덮여 있구나. 어찌하여 등불을 찾지 않느냐!

〈법구경〉

세월은 쉬지 않고 흐르고 있다. 하여 세월은 유수流水와 같다고 한다. "흐르는 세월을 누가 막으랴"라고 한탄하기도 한다.

그러나 세월은 시작도 없고, 끝도 없다. 또한 세월이란 자체도 없다. 세월은 인간들이 시간을 설정해 놓고, 시간에 매달려 가는 세월을 아쉬워하고, 늙어가는 것을 마음 아파하고 있다.

해가 지면 저녁이요, 하루가 간다고 하고, 해가 뜨면 아침이라, 하루가 시작된다고 한다. 날이 가고, 달이 가면 자연히 찾아오는 늙음과 죽음을 어찌 막을 수 있겠는가. 서러워하지도, 괴로워하지도 마라.

『금강경』에 이런 말이 있다.

머무른바 없이마음을 내라 應無所住 而生其心)

어떤 것에 집착하지 말며, 욕망이 일어나면 그대로 지나치라는 뜻이다. 우리가 어떤 대상에 집착하거나, 어떤 생각에 사로잡혀 있을 때, 마음은 항상 괴로움을 동반한다. 혼란과 번뇌, 망상이 마음을 사로잡고 만다.

집착은 무명無明으로부터 시작된다. 무명은 근본 번뇌라 하여 무지無知를 뜻한다. 일반적으로는 일체 사물에 대한 도리道理를 밝게 알지 못한다는 뜻도 된다. 하기에 무명에 덮인 자가 '인생이 고苦라는 사실과, 세상은 불속'이라는 사실을 어찌 알겠는가. 아비규환 속에 있으면서도 자신이 온전하다고 생각하지 않겠는가. 이러한 인간 세상을 제석천이 내려다보고, "똥통 속에서 득실대는 구더기들과 같다"라고 한다.

보라! 지금도 전쟁의 공포 속에서 불안에 떨고 있는 팔레스타인과 이스라엘, 그리고 우크라이나와 러시아의 민족들. 이것이야말로 아비규환 속이다. 무명의 소산이다. 하여 붓다는 "너희들은 어둠 속에서 헤어나지 못하고 있구나, 어찌하여 등불을 찾지 않느냐!"라고 설파하신 것 같다.

쉴 새 없이 찾아드는 고통과 번뇌, 슬픔과 괴로움, 이 어찌하겠는가. 마음만 비운다면, 머무는 바 없이 마음을 쓴다면, 바로 이 자리가 극락이고 평화일 진데 애지중지 놓지 못한 것들이 많기 때문에 오늘도 비바람치는 언덕에 홀로 서 있는 것 같다.

어찌하여 등불을 찾지 않는가.

연꽃 사진 촬영 이야기

나는 본격적인 사진 전문작가는 아니다. 1988년 포스코 자회사 홍보실에 회사 사보를 편집한 일이 있어 카메라를 만나게 되었다. 그 인연으로 지금까지 카메라를 몸에 지니고 다닌다. 그런 생활 속에서 연꽃에 매력을 느끼고, 20년 가까이 매년 6월에서 8월이면 카메라를 들쳐메고 전국 연꽃 군락지를 찾아다니며 연꽃을 촬영하였다. 그런 연유로 연꽃 작품만 해도 수천 장이 넘는다.

그중, 주요 사진을 골라 몇 차례 연꽃 개인 사진전을 했다. 그러나 나머지 사진들은 세상의 빛을 보지 못하고 컴퓨터 하드디스크hard disk에서 잠을 자고 있었다. 그런데 이번《연꽃속에 진주를 줍다》라는 제하의 책을 펴내면서 수필과 연꽃을 다시금 만나는 기회가 되었다.

내가 특별히 연꽃에 마음이 끌렸던 동기는, 연꽃은 오묘한 색상과 다양한 모양은 물론이거니와 더러운 진흙탕에서도 아름다운 꽃을 피우는 고고한 품격을 지니고 있다는 이유에서이다. 한편 연꽃은 '진여眞如'*라든가. '본 마음'이라고 하여 인간의 내면과 연결 고리를 만들고 있다. 그래서 사람들은 너도나도 연꽃을 닮고자 한다. 그래 연꽃을 대상으로 본 필자는 진주 같은 삶의 진리들을 하나하나 주어다 이 책에 담아내는 작업은 한 것이다.

* 모든 현상의 '근본 실상'이며, 사물이나 존재의 '참된 본성' 또는 '절대 진리'의 의미

그러고 보니, 지금까지 가슴에 응어리진 답답함이 한꺼번에 쓸려 내려간 듯 너무도 시원하다. 책 속 분위기도 한층 밝아진 것 같다. 그리고 독자들이 나의 글을 읽는 순간순간 신비로운 연꽃과의 만남에 한층 눈이 즐거우리란 생각도 해본다.

어느 한때 만남과 소통은 일상생활 단순한 곳에 있건만, 모두들 어렵게 해석하려 들고 찾아다니고 있다. 항상 나의 가까이에 보물과 진실과 진리가 있다는 것도 이번에 제삼 깨닫게 된 것 같다.

이렇게 꾸며진 연꽃 속에 피어나는 나의 글이 독자들 품에서 마음이 무겁고 공허할 때 한 번씩 꺼내 보며 마음이 위안이 되고, 편안한 시간이 된다면 얼마나 좋을까? 하는 바람을 갖는다. 그렇다면 이번《연꽃 속에 진주를 줍다》의 책 발간은 더없이 큰 수확이 될 것 같고 또한 마음 가득한 기쁨의 회향回向이 될 것 같다.

필자 일취 두손 모음

책에 담은 연꽃사진 출사 촬영지

경주 안압지
함안 연꽃 테마공원
부여 궁남지
전주 덕진공원
함평 달맞이 공원
김제 하소대
무안 회산백련지
울진 영명사
청도 유호연지
강릉 경포습지
진주 강주연못
거제 다공마을
세종 조천연꽃공원 등

사유의 코기토cogito 그리고 아포리즘apohorism

일취 스님의《연꽃 속에 진주를 줍다》의 경우

한상렬 | 문학평론가

일취 스님의《연꽃 속에 진주를 줍다》와 마주한다. 스님과의 대면인 듯하다. 그 만남이 우연이면서도 필연이지 싶다. 평자는 연전年前 경주의 동리목월문예대학에서 강의를 맡은 일이 있었다. 그 이듬해에 스님과 조우遭遇한 일이 있다. 문예지『해동문학』을 통해 등단한 시인이자, 청정심원(선원)의 선원장이었다. 그런 그분이 내게 당신의 저서인《붓다와 108 유희》를 선물한 일이 있었다. 그 뒤로 스님은 내가 발행인으로 있는 수필문예지『에세이포레』를 통해 수필가로 등단하였고, 얼마 지나지 않아 위덕대학원에서 철학박사 학위를 취득하기도 하였다. 시인이자, 수필가이며 철학박사인 스님과의 교류는 그 후 지금까지 이어지고 있다.

그런 그분이 다시금《붓다와 108 유희》를 이어《연꽃 속에 진주를 줍다》란 제호題號 다시금 상재한다고 한다. 앞서의 저술에 이은 제3권인 셈이다. 이로써 스님은 우리 한국문단에 새로운 이정표 하나 세우는가 싶다. 스님의 해박하고 심오한 불교철학과 문학의 만남이어서다. 문학은 때론 고고하지만 그 사유의 텃밭인 사회를 외면할 수 없다. 그래서 문학과 사회는 서로 공존하면서 지고한 목표를 향해 나아가지 싶다.

일취 스님의 새로운 저작著作의 표제에 '유희'라는 언어적 기표가 처음부터 평자를 사로잡는다. 사전적 의미로는 "즐겁게 놀며 장난함"이지만, 어찌 스님의 창작의

도를 이에 한정하라. 1960년대 프랑스에서 '제약'과 '잠재'로 문학을 재편성하려 했던 울리포oulipo 작가들의《잠재문학실험실》은 만들고(창조), 만들어진 것을 다시 만들고(재창조), 이를 통해 노는(유희) 과정을 철저히 따르고자 했다. 이는 울리포의 실험이 단순한 문자 놀이가 아니었음을 일취스님은 일찍이 간파한 것인가. 창조와 재창조를 통한 인간존재의 본질 찾기는 바로 유희라는 언어적 성찰을 통한 '코기토cogito'요, 아포리즘aphorism적인 발상요, 아폴론과 디오니소스의 결합이라 하겠다.

그렇다, "일상 속에서 연꽃 향기처럼 피어나는 주옥같은 붓다의 이야기"를 일취스님은 화두처럼 이 한 권의 저작에 내걸지 않았나 싶다. 그래 부처님의 108가지 가르침을 통해 불교철학를 일상에서 추수한 평범하지만 깊은 사유와 결합하여, 유희적 본능에 맞갑게 이 저술에서 비벼내고 있다. 이는 하이데거의 존재인식이라는 철학과 상관관계에 있으며, 세상에 내놓는 금언이요, 경구警句이자 잠언箴言이기도 하다.

1. 붓다의 가르침, 아폴론과 디오니소스적 교직

일취 스님의 붓다와 108 유희 2집《연꽃 속에 진주를 줍다》는 심오深奧한 불전언어를 독자가 이해하기 쉽게 풀어쓴, 불교언어라는 다소 난해한 부처님의 가르침을 시적 산문의 형태를 취하고 있다. '108'과 '유희'의 교직이 특별한 의미로 평자에게 다가온다.

> 애착으로부터 비탄이 일어나고 애착으로부터 두려움이 자라나느니
> 애착을 떨쳐버린 이에게서 비탄도 두려움도 떠나가리라
>
> 〈법구경〉에서

오로지 오늘 해야 할 일에 최선을 다해 땀 흘려 노력하라.

그 누구인들 내일 죽음이 있다 한 들 어찌 알겠는가.

〈중아함경〉에서

에서 보듯, '108'이라는 어휘가 지닌 언어적 성찰을 바탕으로 붓다 말씀의 의미를 새기려 한 작가의 의도를 '유희'라는 함축과 상징적 언어 구사에서 찾게 한다. 이 저술은 여타의 문학작품에서 찾아보기 어려운 붓다의 말씀과 일상에서 취한 선승의 가르침을 통섭함으로써 참다운 존재인식에 길을 교시하고 있다. 저자인 일취스님의 시적 산문은 붓다의 말씀과 그 이해라는 두 개의 축을 교묘하게 접합시킴으로써, 표현상 경전이 갖는 난해성을 용이한 해석으로 변용함으로써, 독자로 하여금 세상사에 대한 바른 인식을 제시하고자 한 작가의 의도를 예단하게 한다.

'열 번째 날' 말씀은 〈정토의 꿈〉이라는 제하題下에, "공덕과 악행을 버리고/ 여기서 청정한 삶을 살면서/ 신중히 세상을 거닌다면,/ 그가 바로 수행승이라 불린다"라는 법구경의 말씀을 머리로 삼아, 삶과 존재인식에 대한 인문학적 통섭으로 구체화하고 있다.

내가 거주하는 곳을 토굴[절]이라 한다. 토굴의 당호堂號를 청정심원淸淨心園이라 이름 지었다. 그 뜻은, 마음을 청정하게 하고 삶을 청정하게 살자는 뜻에서 붙여진 이름이다. 그리고 주불主佛을 '청정법신 비로자나불'을 모셔 놓았다. 비로자나불은 정토세계淨土世界(연화장세계)에 계시며 고통받는 중생들을 정토세계로 인도하고 있다.

여기서 화자는 자신의 거처를 청정심원이라 칭하고 있다. "마음을 청정하게 하고 삶을 청정하게 살자는" 의미가 담겨 있으리라. "그러기에 정토의 삶을 꿈꾸거들랑 바른 혜안慧眼과 바른 생활로 건전하게 소욕지족少欲知足을 하라고 성인들은 설하고 있다."라는 언술에서 창작의도를 간파하게 한다. 이는 아폴론과 디오니소스의 교직이라 하겠다

'서른일곱 번째 날'의 담론 〈지성과 인성은 간데없고〉는 〈숫타니파타〉의 말씀한 대목을 다음과 같이 전해준다.

> 의롭지 못한 것을 보고도 못 본 척하는 벗은 아예 가까이하지 말라. 감각적인 쾌락에만 젖어있는 벗과도 가까이하지 말고 오직 지성적이며 진리에 귀를 기울이는 고상한 벗을 가까이 하라. 그런 벗은 여러 가지로 자신에게 도움이 되니 모든 의심을 없애 버리고 저 광야를 홀로 가고 있는 무소의 뿔처럼 혼자서 가라.
>
> 〈숫타니파타〉에서

화자인 일취 스님은 마치 '무소의 뿔처럼' 세상을 경영하고 있지 않나 싶다. 이 험난한 세상에 살면서 어떤 벗을 취해야 할까. 이에 붓다의 가르침은 청정하고 명쾌하다.

> 요즘 사람들은 인간 도리道理도 외면하지만 지성至誠스럽게 살고자 하는데도 관심이 멀다. 오로지 편하게 편리하게 사는 데만 급급하여 살아가고 있다.
> 그 대신 IT 산업이 빠르게 눈부시게 발전하고 있다. 그러다 보니 인성이 허물어지고, 감각적인 쾌락에 젖어 살 수밖에 없다. 게다가 인간으로서 본연이 지녀야 할 참스러운 정서도 메말라 가고 쾌적한 환경에도 극도로 오염되어가고 있다.
> 그뿐인가, 서로 간의 대립과 갈등 폭력이 난무하고 있다. 누가 불의의 습격을 당하여 옆에서 쓰러진다 해도 거들떠보지도 않을뿐더러 어렵게 오갈 데 없는 사람이 있다 해도 관심이 없다. 옛날 빈대떡을 부쳐 이웃 울 너머로 넘겨주던 풋풋한 정은 이제 찾아보기 힘들다.

일취스님은 구사하는 언술만 보아도 교묘한 문장가이지 싶다. 실존철학의 선구자였던 니체Nietzche는 교묘한 문장가였다. 그는 예술을 아폴론적인 것과 디오니소스적인 것의 결합으로 이해하려 하였다. 아폴론적인 것은 꿈꿀 수 있는 능력과 혜지慧智이며, 디오니소스적인 것은 도취라는 유비類比다. 아폴론이 깨어 있는 정신이라면, 디오니소스는 도취되어 있는 감동이다. 그러기에 무릇 예술이란 깨어 있는 이성과 도취된 감동의 결합으로 이루어지게 된다. 일취 스님의 시적 산문은 이런 지평에 있다고 하겠다.

숙련된 요리사가 재료를 다루듯 일취 스님의 언어, 문장은 비트겐슈타인의《논고》에서의 언술과 같이 "한 이름은 한 사물을 나타내고, 다른 이름은 다른 사물을 나타내며, 그것들은 서로 연결되어 있다. 그래서 전체가 하나의 살아 있는 그림처럼 사태事態"(김용규,『생각의 시대』, 290쪽)를 보여준다. 그래 "언어가 말하다."라고 선포했던 하이데거Heidegger의 언명처럼 '언어는 진리의 집' 로고스logos가 된다.

2. 아포리즘apohorism, 사유의 코기토cogito

일찍이 파스칼이 "인간은 생각하는 동물이다"라고 했듯, 데카르트는 그의 저서《방법서설》에서 "나는 생각한다. 고로 나는 존재한다"라고 하였다. 이런 존재론적 사고는 소통의 담론과 직결된다.

지금은 종이보다 스마트폰에 익숙한 시대다. 언제부터인가, 우리들 손에서 책이 멀어지고 대신 움직이는 삽화, 듣는 소설이 더 익숙한 시대가 되었다. 그래 책을 읽는 독서가 이젠 책 밖으로 나오고 있다. 이런 독서환경의 변화, 이른바 소셜리딩social reading이 독서의 촉매로 사용되고 있다. 주지하다시피 우리나라에서도 책전용 소셜네트워크(SNS)가 속속 선보이고 있다. 이른바 썸리스트, 책 속의 한 줄, 북

플 등이 그 예일 것이다. 그리하여 지금 우리 시대에는 '새로운 디지털 기술'과 전자책, 기존의 종이책이 공존하는 독서의 시대로 변모되어가고 있다고 하겠다. 이런 연유에서 보면 일취 스님의 시적산문은 그 의미가 더해진다.

짧은 글이 유행하는 시대. SNS가 이를 부추긴다. 그래 요즘 젊은이들은 단문소통에 익숙하다. 지금 세대는 이른바 '스압(스크롤 압박)'을 느끼는 만큼 짧은 글로 소통하는 데 익숙하다. 스티브 잡스는 "사람들은 10시간 이상 연속으로 책을 읽지 않는다"고 했다. 이를 일취 스님의《붓다 108유희》에 대입해 보면, 그 의미로움이 진중하게 다가온다. 시의적절時宜適切한 창작이겠다.

이런 짧은 글은 최근에 와 '아포리즘수필'이란 수필을 탄생시켜 실험화의 길에 나서고 있다. 아포리즘apohorism이란 삶의 교훈 등을 간결하게 표현한 글로, 대개 문장이 단정적이며 내용이 체험적이고, 표현은 개성적이며 독창적이다. 이 용어가 처음 쓰인 것은 히포크라테스의 '아포리즘'이었다. 그는 이 책에서 질병의 증세·진단, 치료법과 약품에 대한 서술을 길게 나열하고 있다. 이런 경향은 아포리즘 수필이란 형태로 실험화되고 있다.

'서른두 번째 날'의 (〈오늘이란 이 시간〉)'은 〈중아함경〉를 인용하고 있다.

오로지 오늘 해야 할 일에 최선을 다해 땀 흘려 노력하라.
그 누구인들 내일 죽음이 있다 한들 어찌 알겠는가.

이런 붓다의 말씀은 바로 아포리즘이다. 일종의 '에스프리esprit' 형태다. 기지機智' 또는 '재치才致'를 뜻하는 프랑스어로 근대적인 새로운 정신활동을 의미한다. 프랑스인의 재치있고 발랄한 지성을 일컫는 말이겠다. 이제 이와 짝을 맞춘 화자의 언술에 귀 기우려 본다.

철학자 스피노자는 "내일 지구의 종말이 온다고 해도 나는 오늘 한 그루의 사과나무를 심겠다"라고 하였다. 오늘이라는 시간은 우리에게 최고의 선물이다.

어제 죽은 자가 그렇게도 그리워한 오늘이다. 살아 있다고 하나, 내일 일을 어찌다 알 수 있겠는가. 화재가 나서, 교통사고가 나서, 불치병으로 등등 예측할 수 없는 죽음으로 하루에도 수없은 사람들이 저 세상으로 떠나고 있다. 내일을 누구도 보장하지 못할뿐더러 의문투성이들이다.

그렇다고 지나간 어제 일을 돌이켜 무엇하겠는가. 하여 지금 이 순간, 숨쉬고 있는 이 시간이 얼마나 고귀하고 소중한가. "그렇다면 당신은 다시 돌아오지 않은 이 시간을 어떻게 살 것인가?" 생각하건대 이 짧은 물음이 참으로 의미 진지하다.

돌아오지 않는 시간을 어떻게 살 것인가? 라는 화두話頭에 답한 이 짧은 언술은 그 발상이 아포리즘. 에스프리에 닿아 있다. 짧지만 언어가 내포한 함축적 의미의 깊이는 깊고도 넓다. 이런 삶과 존재인식에 대한 통찰은 바로 철학적 '코기토 cogito'이다. '생각하다'라는 뜻으로 라틴어인 'cogitare'의 1인칭 형태로 '나는 생각한다'는 뜻이다. "나는 생각한다. 그러므로 나는 존재한다"는 말이다. 결국 코기토는 생각, 즉 사유의 문제로 집약된다. 그 자체로는 항상 반성이라고 할 수 있다. 이처럼 일취 스님의 '108 유희'는 아포리즘, 사유의 코기토에 있다.

다른 예문을 본다. '예순아홉 번째 날'(〈머무른 바 없이 가는 길〉)은 "현자는 어떤 것에도 머무르지 않으며, 사랑하지도 미워하지도 않는다. 슬픔과 인색함이 이제 그를 더럽힐 수 없다. 연잎 위의 물방울이 결코 연잎을 더럽힐 수 없는 것과 같이, 저 연꽃이 진흙물에 더럽혀지지 않듯이, 현자는 보고 배우고 사색한 어떤 것에도 결코 물들지 않는다"라는 〈숫타니파타〉의 말씀을 화두로 내세우고 있다. 이에 대한 구체적인 화자의 언술의 한 대목을 들어본다.

진정한 평화는 돈과 명예와 권력을 다 얻는다고 해서 오는 것은 결코 아니다. 원하는 것을 다 얻게 된다 하더라도 마음은 항상 빈곤에서 헤어날 수 없다. 비우고 여유 있는 마음에서 평화가 온다.

사람이 본래 가지고 있는 성품을 일러 양지良志라고 한다. 양지는 '기뻐하고, 성내고, 슬퍼하고, 두려워하고, 사랑하고, 미워하고, 욕심내는' 일곱 가지 성품을 말하는데, 이 일곱 가지 성품이 사람을 움직이게 하여 탐욕과 온갖 번뇌와 망상, 그리고 괴로움을 일으키고 있다.

이 마음들은 집착에서 온다. 집착을 떨쳐 버리면 당연히 마음의 평화가 온다는 것이 분명하다.

이런 사유의 코기토는 언어를 통한 문자해방이요, 인문학적 말걸기라고 하겠다. 일취스님의 아포리즘에는 언어라는 기호가 작용한다. 이 기호는 에코Umbert Eco의 말과 같이 언제나 '무엇을 대신하는 것'이며, 이들 문자는 실존의 총화로써 작용한다. 그래서 자크 라캉Jacques Lacan은 "문자는 구체적인 담론이 언어에서 차용하는 물질적 매체를 지시한다"고도 하였다.

지금 우리들 눈앞에는 디지털의 놀라운 창조가 매일 향연처럼 벌어지고 있다. 그리하여 단지 스크린 속에서의 천변만화千變萬化가 아니라, 생활 그 자체에서 나날이 놀랄만한 새로운 창조가 일어나고 있다. 일취스님의《붓다와 108 유희》는 이런 이유로 의미와 가치를 찾을 수 있겠다.

3. 에필로그

인간의 궁극적 목적이나 가치의 문제는 삶의 '의미'에 관한 것이었다. 살되 그냥 되는 대로 사는 게 아니라, 옳고 가장 보람 있게 살고자 하는 것이다. 그럼으로써 삶의 의미를 찾자는 것이었다. 이는 사람답게, 사람으로서 옳게 살자는 것이다. 인간은 싫건 좋건 이런 '의미'를 찾는 동물이며, 그런 의미를 발견하지 못한 인간의 삶은 동물의 삶과 구별할 수 없다. 지금까지 살펴본 일취스님의 역저《연꽃 속에 진주를 줍다》는 이런 인간존재의 의미를 붓다의 말씀인 전고典故를 바탕으로 나직이 설파한 사유의 코기토cogito요, 아포리즘apohorism라 하겠다.

〈법구경〉에 나열한 어휘 하나하나가 언어적 성찰을 불러오고 우리를 사유에 침잠하여 잠시 삶의 문제를 묵상하게 한다. "인생의 여행을 끝내니 슬픔도 없고 모든 일들이 자유로우며/ 모든 얽매임을 끊어 버리니/ 고뇌는 간 곳 없이 사라지고 만다", "지나야 할 생사의 길은 이미 지나고 끊어야 할 걱정 일체 떠나서,/ 모든 얽매임에서 벗어난 사람에겐 괴로움도 번뇌도 있을 수 없다"고, 우리에게 구름 속에 노니는 달과 같이 살라 한다.

그래 우리들 인생의 여행에 겪는 모든 신산한 고통일랑 〈이 또한 지나가리라〉는 위로의 말씀에 귀 기울이게 한다.

고대 이스라엘의 제2대 왕 다윗은 전쟁에 승리하고서 그 기쁨을 교만하지 않게 하기 위하여, 반지 세공사에게 절망에 빠졌을 때도 결코 좌절하지 않고, 희망을 주는 글귀를 넣어서 반지를 만들라고 명령하였다. 세공사는 고민하던 끝에 솔로몬을 찾아가 도움을 청하자 다음과 같은 문구를 적어 주었다. '이 또한 지나가리라'라고.

문자언어에 사진을 곁들인 일취스님의《연꽃 속에 진주를 줍다》에 초대한다. 그러면 화자의 평범한 일상 속에서 연꽃 향기처럼 피어오르는 주옥같은 붓다의 이야기에 취醉할 것이다. 생애에 가까이 두고픈 저작임이 분명하다.*

연꽃 속에 진주를 줍다

1판 1쇄 발행 2025년 3월 25일

지은이 일 취
펴낸이 김병환
펴낸이 학자원
편 집 조혜민
주 소 서울시 강동구 천호대로 1121 일성하이츠오피스텔
전 화 02-6403-1000
팩 스 02-6338-1001
전자우편 hakjaone@daum.net
출판등록 2011년 3월 24일 제2011-14호

ISBN 979-11-6247-347-4 03220

값 25,000원